職場の ストレスチェック 実践ハンドブック

タワーズワトソン株式会社シニアコンサルタント、
社会保険労務士
中島明子

日比谷産業医事務所所長、医学博士、
精神科産業医
長谷川崇

創元社

はじめに──「ストレスチェック」実施の準備はできていますか?

　改正労働安全衛生法が平成26年(2014)に公布され、従業員の「ストレスチェック制度」が平成27年12月1日から施行されることになりました。これは、従業員の心理的な負担(ストレス)の程度を把握し、自己管理(セルフケア)や職場環境の改善につなげ、うつ病等のメンタルヘルス不調の未然防止策の強化を目指すものです。

　これにより従業員50人以上の事業場では、法律で定められたストレスチェックの実施が義務づけられます。

　本書は、企業の経営者や人事総務責任者の方々に「ストレスチェック制度」の導入・実践方法について、厚生労働省の「労働安全衛生法に基づくストレスチェック制度実施マニュアル」(本書では「実施マニュアル」という)に基づき、分かりやすくまとめたものです。毎日、メンタルヘルス不調者と向き合っている現場の精神科産業医と、さまざまな企業の実態を社会保険労務士としてつぶさに見てきた外資系人事コンサルタントがタッグを組んで、実務に即した内容としています。また、実際にメンタルヘルス不調者が出た場合の対応の仕方や、心身の健康増進策のヒントとして、グローバル企業の先進事例もご紹介しています。

　新しい「ストレスチェック制度」を単に法令順守(コンプライアンス)の視点だけから捉えるのでなく、会社の大事な人材のメンタル不調を防ぐ「リスクマネジメント」という視点も必要です。また、一歩進んで「打たれ強い人材の育成」といった「攻めのメンタル対策」も視野に入れてプランニングすることをおすすめします。

　2015年11月20日

　　　　中島明子 (タワーズワトソン株式会社シニアコンサルタント、社会保険労務士)
　　　　長谷川崇 (日比谷産業医事務所所長、医学博士、精神科産業医)

目　次

はじめに──「ストレスチェック」実施の準備はできていますか？ ……………… 3

[参考資料] ストレスチェックと面接指導に係る流れ　11

1　義務化されるストレスチェック制度とは？ ………………………………………12
　1　ストレスチェック制度義務化の背景・目的　12
　2　ストレスチェック制度の三本柱　12
　[コラム]「メンタルヘルス不調」とは？　13

2　ストレスチェック制度にかかわる人と役割分担 ………………………………14
　1　ストレスチェック制度の登場人物　14
　2　ストレスチェック制度にかかわる役割分担　15

3　従業員とのコミュニケーションが成功の鍵
　──「導入したが誰も利用しない」とならないために ………………………………17
　1　従業員の"懸念の払しょく"が重要　17
　2　懸念1：なぜ会社は従業員のストレスをチェックすることにしたのか？　17
　3　懸念2：ストレスチェックの結果は会社に知られるのか？　18
　4　懸念3：ストレスチェックの結果が悪かった場合、何らかの不利益はないのか？　18
　5　従業員の状況を把握する他の手法との混同を避ける　19
　6　会社が従業員の心身の健康を重視していることを伝える　20

4 ストレスチェック制度の導入ロードマップ ……………………… 21
■想定例　A社　情報通信業／社員数約200名　22
年間スケジュールの例　23

5 Step1 ストレスチェック制度の導入準備 ……………………… 24
経営者によるストレスチェック実施の方針表明　24
衛生委員会で実施方法等について調査・審議　25
３つの重要な視点　26
ストレスチェック実施方法等の決定　26
外部委託を利用する場合は外部機関を選定　28
実施方法等について社内規程を作成し、周知させる。従業員に説明、事前情報を提供　29

6 Step1 ストレスチェック制度の導入準備Q&A ……………………… 30
Q1 従業員数が50人を超えたばかりで、産業医の選定も衛生委員会もこれからなのですが、ストレスチェック制度はどんなふうに導入したらいいのでしょうか？　30

コラム 産業医をどう選任するか？　31

Q2 実施者が嘱託産業医の場合の体制づくりはどのようになりますか？　32

Q3 実施者が常勤保健師の場合の体制づくりはどのようになりますか？　33

Q4 実施者が外部機関の医師・産業医の場合の体制づくりはどのようになりますか？　34

Q5 外部機関に委託する場合、どうやって外部機関を探せばいいですか。また、どんな点に注意し、どんなふうに委託したらいいのでしょうか？　35

コラム ストレスチェックにかかる費用は？　36

7　Step2 ストレスチェックの実施　37

各従業員に質問票を配布　37
　参考資料　職業性ストレス簡易調査票（57項目）　38
　参考資料　職業性ストレス簡易調査票の簡略版（23項目）　40
各自が回答を記入し返送　41
個人結果の集計　41

8　Step2 ストレスチェックの実施Q&A　42

Q6　ストレスチェックの対象者はどのようになりますか？　42
Q7　ストレスチェックの検査項目はどのように選定しますか？　「職業性簡易ストレス調査票（57項目）」以外の項目にしてもいいですか？　43
Q8　受検の勧奨はどのように行いますか？　44
　参考資料　ストレスチェック結果に関する情報の取扱い　45
Q9　高ストレス者はどのように選定しますか？　46
　参考資料　高ストレス者選定のイメージ　47
Q10　ストレスチェックと一般定期健康診断（定期健診）とはどこが違うのですか？　同時に実施することはできますか？　48

9　Step3 個人結果の通知、面接指導　49

実施者から受検者にストレスチェックの結果を通知、高ストレス者には面接指導の必要性を連絡　49
　参考資料　受検者に対する結果通知の例　50
高ストレス者に対して医師による面接指導を実施　52
会社は医師に意見聴取を行い、必要な就業上の事後措置を実施　52

10 Step3 個人結果の通知、面接指導Q&A ……………………… 53

- Q11　面接指導の申し出の勧奨はどのように行いますか？　53
- Q12　事業者に結果を提供する際の労働者の同意の取得はどのように行いますか？　54
- Q13　面接指導はどのように行いますか？　55
- Q14　テレビ電話等による面接指導の留意点は何ですか？　56
- Q15　面接指導の結果に関する医師からの意見聴取および就業上の措置はどのように行いますか？　57
- 参考資料　就業区分及びその内容に関する医師の診断　57

11 Step4 集団分析、改善点の検討等 ……………………………… 58

- 集団分析を行い、その結果を職場改善に活用（努力義務）　58
- ストレスチェック結果の記録・保全　58
- 実施状況の点検・確認および翌年度へ向けた改善点の検討　58
- 労働基準監督署への報告　58

12 Step4 集団分析、改善点の検討等Q&A …………………… 59

- Q16　ストレスチェック結果の保存はどのように行いますか？　59
- 参考資料　実施者又はその他の実施事務従事者による結果保存の例　59
- Q17　面接指導の結果の保存はどのように行いますか？　60
- Q18　集団ごとの集計・分析とはどのようなものですか？　61
- 参考資料　仕事のストレス判定図の使用方法　62
- Q19　集団ごとの分析はどのように職場環境の改善に活用できますか？　63
- Q20　労働基準監督署にはどのように報告すべきですか？　64
- 参考資料　心理的な負担の程度を把握するための検査結果等報告書　65

13 企業タイプ別の導入モデル　　66

■B社　窯業／従業員60名　　67

B社の状況　67
- **Step0**　ストレスチェック制度の導入に向けた環境整備　68
- **Step1**　ストレスチェック制度の導入準備　68
- **Step2**　ストレスチェックの実施　68
- **Step3**　個人結果の通知、面接指導　69
- **Step4**　集団分析、改善点の検討等　69

B社：ストレスチェック受検から面接指導までの流れ　70

👆 ここがポイント　71

■C社　デザイン制作会社／従業員120名　　72

C社の状況　72
- **Step1**　ストレスチェック制度の導入準備　73
- **Step2**　ストレスチェックの実施　73
- **Step3**　個人結果の通知、面接指導　74
- **Step4**　集団分析、改善点の検討等　74

C社：ストレスチェック受検から面接指導までの流れ　75

👆 ここがポイント　76

■D社　外資系金融会社／従業員300名　　77

D社の状況　77
- **Step1**　ストレスチェック制度の導入準備　78
- **Step2**　ストレスチェックの実施　78
- **Step3**　個人結果の通知、面接指導　79
- **Step4**　集団分析、改善点の検討等　79

D社：ストレスチェック受検から面接指導までの流れ　80
　　👆 ここがポイント　81

14 メンタルヘルス不調者が出たら
　──失敗例にみる課題と対応方法 …………………………………………… 82

■事例1　主治医の診断書だけで復職を認めた結果、職場復帰がうまくいかなかったケース　82
　　👆 ここがポイント　83
■事例2　復職時のルールが曖昧なためトラブルとなったケース　84
　　👆 ここがポイント　85
■事例3　休職前の業務が遂行できるまで「治癒」していないのに主治医が復職を認めてしまったケース　86
　　👆 ここがポイント　87
■事例4　復職時に本人が希望する配置転換を安易に認めてしまったケース　88
　　👆 ここがポイント　89
■事例5　自己判断での治療中断と仕事上のストレスで、生活習慣病を悪化させてしまったケース　90
　　👆 ここがポイント　91
■事例6　メンタルヘルス不調の原因である疾患を正しく評価できなかったケース　92
　　👆 ここがポイント　93

15 メンタルヘルスに強い組織づくりに向けて
　──先進グローバル企業のセルフケアサポート ………………………… 94

①グローバルに「攻めのメンタルヘルス」研修を実施　94
②健康に特化したポータルサイトを活用して、各人ごとにカスタマイズ　96
③からだとこころを統合してチェックするアセスメントツール　97

④ウェルネス施策の効果を見える化　97
　⑤社員の健康はビジネスの成功を約束する　98

あとがき……………………………………………………………………99

巻末資料
　①外部機関にストレスチェック及び面接指導の実施を委託する場合のチェックリスト例　101
　②ストレスチェック制度実施規程(例)　105
　③〈具体例・様式例〉【ストレスチェック実施時の文例：Web実施版】【ストレスチェック受検を実施者から催促する場合の文例：Web実施版】　115
　④素点換算表　118
　⑤高ストレス者を選定するための方法　120
　⑥数値基準に基づいて「高ストレス者」を選定する方法　123
　⑦企業担当者向けの相談窓口一覧　128

イラスト……坂本水津哉
デザイン……鷺草デザイン事務所
DTP協力……東 浩美
編集協力……原　章(編集工房レイヴン)

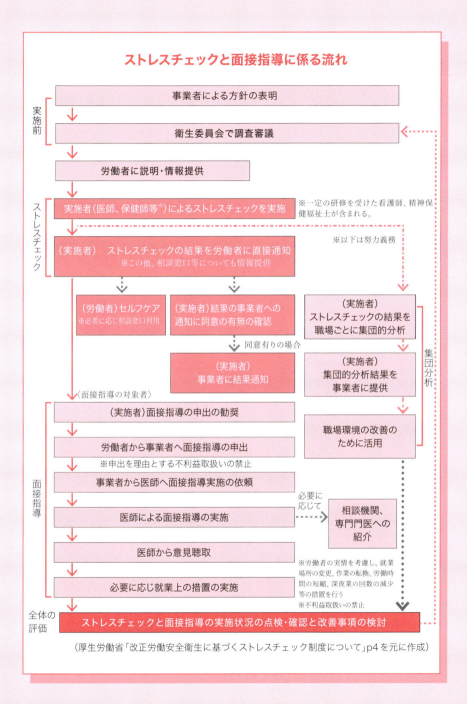

1　義務化されるストレスチェック制度とは？

1　ストレスチェック制度義務化の背景・目的

　企業にとって、従業員に健康で元気に働き続けてもらうことは、企業の生産性にかかわる重要な課題です。近年のIT化やグローバル化の進展、業績重視の人事制度改革などにより、働く人々は大きな時代の変化に直面しています。それに伴い、職場のストレスによる緊張が続き、心身の不調を訴える方が急増しています。ストレスチェック制度は、ストレスによる心身の不調が顕在化する前に、従業員自身のストレスへの気づきを促し、メンタルヘルス不調を未然に防止することを目的とした制度です。

2　ストレスチェック制度の三本柱

　ストレスチェック制度は3つの要素で構成されます。費用はすべて会社（事業者）の負担となります。
　①ストレスチェックの実施（50人以上の事業場は義務）
　②ストレスチェック結果に基づく医師による面接指導（50人以上の事業場は義務）
　③ストレスチェック結果の集団分析（努力義務）
　あなたの会社の事業場が50人以上であれば、最低でも「ストレスチェック」と「医師による面接指導」は実施しなければなりません。
　1本目の柱「ストレスチェックの実施」は、従来から職場のメンタルヘルス対策の一環（こころの健康診断）として任意に行われてきましたが、今回の法改正で50人以上の事業場では実施が義務づけられることになりました。会社（事業者）は、従業員のメンタルな負担の度合いを把握するために、従業員が医師・保健師等による検査を受ける「機会」を提供しなければなりません。あえて「機会」と言っているのは、実際にチェックを受けるかどうかは、従業員本人が選択することだからです。
　2本目の柱「医師による面接指導」は、ストレスチェックの結果、高ストレスと

認められた従業員が対象となります。ストレスチェックの結果は、会社経由ではなく、ストレスチェックを実施した医師等から直接本人に通知されます。そして医師による面接指導が必要であると通知された本人から申し出があった場合に実施されます。こちらもストレスチェックと同様に、面接指導を受けるかどうかは、従業員本人の選択となります。

　３本目の柱「集団分析」は、現時点では努力義務ですが、会社（事業者）は、ストレスチェックの結果を一定規模の集団ごとに集計・分析し、その結果、必要な措置を講じることが求められます。職場のストレスに関しては、人間関係、仕事の量、仕事の質が主な要因となります。集団分析は、各部署やチームのこれらの要因を客観的に把握するための手法です。

コラム

「メンタルヘルス不調」とは？

　ＩＣＤ-10（国際疾病分類）では、「精神及び行動の障害に分類される精神障害及び自殺のみならず、ストレス、強い悩み及び不安等、従業員の心身の健康、社会生活及び生活の質に影響を与える可能性のある精神的及び行動上の問題を幅広く含むもの」をいいます。代表的なものとして「うつ病」があります。

　うつ病を分類する場合に、①症状の現れ方による分類、②重症度による分類、③初発か再発かによる分類、④特徴的な病型による分類など、さまざまな分類の仕方があります。ちなみに、「新型うつ病」といったものは、専門家の用いる診断基準には存在しません。

　なお、「うつ病」と「うつ状態」は異なります。後者は、まだ「うつ病」との診断がついていない状態です。

2 ストレスチェック制度にかかわる人と役割分担

1 ストレスチェック制度の登場人物

　ストレスチェック制度は、さまざまなステークホルダー（関係者）が協力して運営する必要があります。特に衛生委員会が果たす役割は大きく、毎月開催され、労使で健康増進に関する対策や話し合いが行われていることが、ストレスチェック導入のための必要条件です。

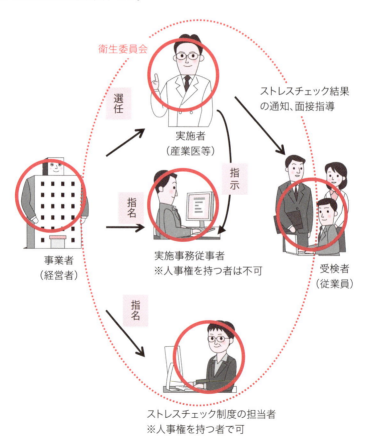

2　ストレスチェック制度にかかわる役割分担

　医師等の国家資格がないとできない役割や、ストレスチェックを受ける従業員に対して人事権がある者は担当できない役割があることなどをしっかり押さえておく必要があります。

実施体制メンバーとその役割

実施体制メンバー		役割
事業者	会社の責任者(社長)	ストレスチェック制度の方針を決定し、実施の責任を負う実施体制メンバー（実施者等）を選定・指名する
ストレスチェック制度の担当者	衛生管理者、事業場内メンタルヘルス担当者など、事業者から指名された者※ ※実務担当者は、ストレスチェック結果等の個人情報を取り扱わないため、人事課長等の人事権を持つ管理職でも指名できる	事業者の方針に従い、ストレスチェックの実施体制の整備にあたる 計画の策定および実施の管理を行う
衛生委員会	委員の構成 ①総括安全衛生管理者または事業の実施を統括管理する者(議長) ②衛生管理者 ③産業医 ④労働者(衛生に関し経験を有する者)	ストレスチェックの実施体制、実施方法を調査・審議する 労働安全衛生法により、労働者50人以上の事業場では、衛生管理者および産業医を選任し、衛生委員会を設置することが義務づけられている

実施体制メンバー		役割
実施者（産業医等）	以下の有資格者で事業者から選定された者 ①医師 ②保健師 ③看護師※ ④精神保健福祉士※ ※原則として厚生労働大臣が定める研修を修了した者 外部機関に委託し外部の医師が実施者になった場合で複数の実施者がいる場合は「共同実施者」となる。その中から「実施代表者」（当該事業場の産業医が望ましい）を選定する	ストレスチェックの調査票や評価方法について、専門的な見地から意見を述べる ストレスチェックの結果の評価を行う（個人のチェック結果に基づき、面接指導が必要となる「高ストレス者」を選定する） 受検者にストレスチェック結果を通知し、高ストレス者には面接指導を受けるよう勧奨する（実施者が医師であっても、実際の面接指導は別の医師が行う場合もある） 個人のストレスチェックの記録の保存（実施者から指名された実施事務従事者が行う場合もある） 結果の集団分析を行い、事業者に提供する
実施事務従事者	衛生管理者、総務・人事・労務担当者など、事業者から指名された者※ ※人事権を持つ管理職は従事できない	実施者（産業医等）の指示に基づき、補助作業を行う。たとえば、 ・労働者が記入した調査票の回収、データ入力、出力等。 ・ストレスチェック結果の封入等。 上記の作業により知り得た個人情報は他者（社長、人事部長などの上司を含む）に漏らしてはならない

3 従業員とのコミュニケーションが成功の鍵
――「導入したが誰も利用しない」とならないために

1　従業員の"懸念の払しょく"が重要

　ストレスチェックは、現在のストレス状況という、各従業員の内面の状態を問うもので、ある種のプライバシーに立ち入る側面があります。会社がそのようなチェックをすることについて、従業員は少なからず、たとえば以下のような不安や懸念を持つことが想定されます。

　①なぜ会社は従業員のストレスをチェックすることにしたのか？
　②ストレスチェックの結果は会社に知られるのか？
　③ストレスチェックの結果が悪かった場合、何らかの不利益はないのか？

　ストレスチェックに対する従業員の懸念が払しょくできなければ、多数の回答を得ることは難しくなります。「こころの健康診断」をより多くの従業員に受検してもらうために、従業員の不安に適切に応え、懸念の払しょくを図るコミュニケーションを、会社と従業員の間でとっていくことが重要です。ストレスチェックの実施にあたり、従業員が持つであろう懸念と、その解決に役立つコミュニケーションの方法を考えていきましょう。

2　懸念1：なぜ会社は従業員のストレスをチェックすることにしたのか？

　会社がストレスチェックを実施する、と発表した際に多くの社員が最初に感じる疑問は、「なぜ今、突然にそのようなものが始まるのか？」というものでしょう。「会社が社員の心の健康により高い関心を持ってくれた」とポジティブに受け止めてもらえれば良いのですが、「心の病を持つ社員が増えてきたのか？」とか「就労環境が従業員にとってストレスフルで厳しいものであることを会社が認めたのか？」など、何か裏がないのかと思われたり、誤ったメッセージが従業員に伝わることも考えられます。

　「なぜ今、ストレスチェック？」に答える上でまず重要なのは、「ストレスチェック

は国の施策として実施されるもので、会社にとっては実施することが義務である」という事実と、同時に、「これを機に、会社としても社員の心身の健康により高い関心を払う」という、会社の方針・姿勢を従業員に明確に伝えることです。これにより、ストレスチェックの導入について、従業員が誤った認識を持つことを避けられます。

3 懸念2：ストレスチェックの結果は会社に知られるのか？

　ストレスチェックの結果はプライバシーに関わるものであり、会社には知られたくない、と思う従業員は少なくありません。制度上、各従業員のストレスチェックの結果は、本人の同意がなければ会社に伝わらないことになっていますので、情報の流れ方を含めた制度の概要を従業員にわかりやすく伝えることで、プライバシーに対する懸念は払しょくできます。特に、以下の点を明確に説明することが有効です。

　①ストレスチェックの受検は、従業員本人が選択できる（会社が実施を強制するものではなく、プライバシーなどの面で不安があれば、やらなくてもよい）。
　②人事部をはじめ会社は、本人の同意がなければ各従業員のストレスチェックの結果を目にすることはない。産業医などの実施者が結果を確認する。
　③ただし、産業医の事務的補助をする「実施事務従事者」が社内から選定された場合は、個人データを扱うことがあるが、法律上秘密保持義務がある。
　④高ストレスと判定された場合、医師による面接指導を受けられるが、この案内は会社からではなく、直接医師から来る。

　ストレスチェックの結果を会社が目にしない、という形式をより厳格に示す上で、調査に係る実務の一切を外部業者に委ねる方法もあります。ただし、事業場の産業医に共同実施者として関与してもらう等の配慮が必要です。

4 懸念3：ストレスチェックの結果が悪かった場合、何らかの不利益はないのか？

　会社が各従業員のストレスチェックの結果を知ることはない、とわかっても、高ストレスと判定されると、自身の処遇が不利になると従業員は考えがちです。結果として、受検しなかったり、したとしても低ストレスと判定されるよう恣意的な回答

をしかねません。ストレスチェックの結果が何に用いられるかを示すと同時に、これがいかなる処遇にもつながらないことを明確に伝えることが重要です。

ストレスチェックの結果は、産業医等の実施者から直接各従業員に伝えられます。これにより、従業員は自分の現在のストレス状況を把握することができます。また、この結果を会社は把握しません。従業員が面接指導の申し出を行った場合は、個人結果の会社への提供に同意がなされたものとみなされますが、その結果をもって不利益な取り扱いをすることは法律で禁止されています。

5　従業員の状況を把握する他の手法との混同を避ける

従業員に対し、ストレスチェックの意義の理解と前向きな受検を促す上で、人事評価や従業員意識調査（満足度調査）との違い、という視点からストレスチェックの説明を行うことも有効です。

人事評価や従業員意識調査も、ストレスチェックと同様、従業員の現状を把握するためのものですが、把握する対象や内容、目的が異なります。この違いをていねいに説明し、ストレスチェックの位置づけの理解を促しましょう。

特に従業員意識調査は、会社や就労環境等への不満を表現する"ガス抜き"としての機能を持ちがちです。設問内容を見ると、ストレスチェックも同様に見えますが、ストレスチェックはあくまでもセルフケアが目的であり、会社に対する不満を表明するのではなく、自身の現状について正確に答えてもらうよう働きかけることが重要です。

ストレスチェック、人事評価、従業員意識調査の比較

	誰の？ （把握する対象）	何を？ （把握する内容）	何のために？ （目的）
ストレスチェック	自分の	仕事の環境やそれに起因するストレス度	自分のストレスのチェック（こころの健康診断）や集団分析の結果を全社的な施策の立案に活用
人事評価	自分の	成果や行動、姿勢など	処遇決定、課題の発見と改善
従業員意識調査	会社の	経営者への信頼や働きがい、働きやすさなど	会社施策の立案

6　会社が従業員の心身の健康を重視していることを伝える

　多くの企業は、今回の法改正を機に、ストレスチェックを導入することになります。"義務化されたからやる"では、従業員の前向きな参画を促すことは困難です。義務化は単なるきっかけと捉え、「会社は従業員の心身の健康に配慮しており、最適な就労環境の構築に取り組み続ける」というメッセージを積極的に発信してはいかがでしょうか。もちろん、実体が伴わなければいけません。集団分析の結果から見出された課題についてワークショップを開催するなど、解決方法を従業員と共に考えて取り組んでいくことで、従業員は会社の姿勢をポジティブに受け止めることでしょう。

　そのような意味では、ストレスチェックは人事的な施策というよりも、従業員に対する会社の姿勢を表明するのに効果的なツールといえます。社長をはじめとした経営陣が、従業員に対してストレスチェックの意義を伝え受検を依頼すること、そしてその実施と結果にコミットすることが望ましいのです。

4 ストレスチェック制度の導入ロードマップ

　下記の手順で、2016年11月末までに、ストレスチェックを1回実施します。

Step 1　ストレスチェック制度の導入準備
- 経営者によるストレスチェック実施の方針表明
- 衛生委員会で実施方法等について調査・審議
- ストレスチェック実施方法等の決定
- 外部委託を利用する場合は、外部機関の選定
- 実施方法等について社内規程を作成し周知させる
- 従業員に説明、事前情報を提供

Step 2　ストレスチェックの実施
- 各従業員に質問票を配布
- 各自が回答を記入し返送
- オンラインで実施する場合は、各従業員がオンラインにアクセスし、回答を入力
- 個人結果の集計(オンラインの場合、その場で個人結果を表示)

Step 3　個人結果の通知、面接指導
- 実施者から個人結果を通知、高ストレス者には面接指導の必要性を連絡
- 高ストレス者に対して医師による面接指導の実施
- 会社は医師からの意見聴取を行い、必要な就業上の事後措置を実施

Step 4　集団分析、改善点の検討等
- 集団分析を行い、その結果を職場改善に活用(努力義務)
- ストレスチェック結果の記録・保全
- 実施状況の点検・確認、翌年度に向けた改善点の検討
- 労働基準監督署への報告

■想定例　A社　情報通信業／社員数約200名

　社員の平均年齢は約30歳。ここ数年で業績は急成長し、社員数も急増したが、社内の労働衛生管理体制は未整備であった。社歴の短い社員がほとんどであり、恒常的に納期に追われ過重労働が持続していた。そのため、メンタルヘルス不調による欠勤や休職が目立ち、中には復職できずに退職せざるを得ない社員も数名認めた。産業医の選任、衛生委員会の開催もしていなかったため、休復職の判断は主に人事部が担当医の診断書をもとに行っていた。

　社員数の増加、メンタルヘルス不調者の増加に加え、ストレスチェック制度が法制化されたことを契機に、社内の衛生管理体制の整備が推進された。精神科を専門とする産業医の選任、産業医の助言のもと毎月衛生委員会を開催するなど、少しずつ体制は整備された。

　ストレスチェック制度の導入も前向きに推進し、社内規定の作成、従業員への通知、産業医による社内講演により啓蒙を行った。選任した産業医を実施者とし、外部機関を選定したうえで、Web方式にてストレスチェックを実施。事前の啓蒙や周知徹底が効を奏し、90％以上の受検率であった。Web方式では、各社員の個人結果は受検後すぐに本人に返信されるため、多くの社員が結果に興味を示すことができたようである。セルフケアとしても一定の効果が得られた印象であった。

　また、高ストレス対象者には後日、面接指導の勧奨メールが送信された。面接対象者の内、約30％に当たる社員が選任産業医の面接を受けた。結果的に、数名について就業上の措置の必要性が認められ、メンタルクリニック受診を勧められた社員に対しては紹介状の作成も行われた。

　事前にストレスチェック制度に関する情報を周知徹底したため、実効性のある検査となった。今回は初年度のため集団分析は見合わせたが、来年以降の検討課題として再度衛生委員会で審議する予定である。

年間スケジュールの例

各社の状況に応じて、2016年11月までにストレスチェックを実施しましょう。

1月	人事総務部内でストレスチェックに関する勉強会を持ち、産業医と検討を開始
2月	衛生委員会で事前調査を開始する 外部機関から資料を取り寄せ、話を聞く
3月	衛生委員会で実施体制を明確化 ストレスチェック実施計画を策定 必要に応じて外部機関を選定
4月 (事業年度開始)	経営者による方針表明（社長メッセージを社員へ配信）
5月	社内規程の作成
6月	事前説明、社内規程の周知
7月	ストレスチェックの実施
8月	高ストレス者に対する面接指導の実施 集団分析の実施
9月	面接指導結果につき、医師からの意見聴取と就業上の措置の検討・実施
10月	集団分析の結果に基づき、衛生委員会で今後の対策について討議
11月	社長から実施後の施策やセルフケアの重要性につき、社員へメッセージを配信
12月	労働基準監督署へ実施報告書を提出
1月	次回の実施計画の策定（見直し、改善）

5 ストレスチェック制度の導入準備

■経営者によるストレスチェック実施の方針表明

　ストレスチェックは、経営者(事業者)がメンタルヘルス対策の一環としてストレスチェック制度を導入する旨を表明することから始まります。ストレスチェック制度がうまく機能するか否かは、会社のトップの取り組み姿勢次第といっても過言ではありません。

　導入初年度は、会社の全体会議等の際に、「従業員のウェルネス(心身の健康増進)を重視し、メンタルヘルスに積極的に取り組み、新たにストレスチェック制度を導入する」旨を経営者が宣言する機会を設けましょう。

　従業員が安心してストレスチェックを利用するためには、経営者の強いコミットメントが必要です。

　また、ストレスチェックの具体的な制度を策定し、実施するために、社内担当部署や担当者およびその役割を明確にしておく必要があります。特に、初めて導入する会社では、誰がどのような作業を行うのかをここで決定しておかないと、「号令したが動かず」という状態を招きかねません。

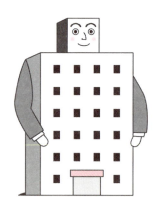

■衛生委員会で実施方法等について調査・審議

　経営者の方針表明を受けて、事業場の衛生委員会等により、ストレスチェックの実施方法の詳細を定めていく作業に入ります。

衛生委員会で調査・審議すべき項目

衛生委員会で調査・審議すべき項目は以下のとおりです。
- ストレスチェック制度の目的に係る周知方法
- ストレスチェック制度の実施体制
- ストレスチェックの実施方法
- ストレスチェックの結果に基づく集団ごとの集計・分析の方法
- 受検の有無の情報の取り扱い
- 結果の記録の保存方法
- ストレスチェック、面接指導、集団集計・分析に関して
  ①結果の利用目的および利用方法
  ②情報の開示、訂正、追加および削除の方法
  ③情報の取り扱いに関する苦情の処理方法
- 従業員がストレスチェックを受けないという選択ができること
- 従業員に対する不利益な取り扱いの防止

■3つの重要な視点

衛生委員会の調査・審議においては、次の3つの視点が重要です。

①法令で定めた要件を満たしているかどうか

「ストレスチェック指針：心理的な負担の程度を把握するための検査及び面接指導の実施並びに面接指導結果に基づき事業者が講ずべき措置に関する指針」（平成27年4月15日、心理的な負担の程度を把握するための検査等指針公示第1号）を満たした運用ができているかどうかの確認。

従来からストレスチェックを独自に実施している場合は、改めて法令の要件をクリアしているか確認することが必要です。

②従業員の個人情報が適切に保護されるような体制の構築

心の健康に関する情報は機微であることに留意し、個人情報が十分保護された体制である必要があります。制度の運用に関わる産業保健スタッフ、事務職に対して事前に啓蒙が必要です。

③従業員に不利益な取り扱いが発生しないように審議

ストレスチェックを受検するかしないか、面接指導を申し出るかどうかは従業員の任意です。受検しないこと、面接指導を受けないことによる不利益がないことを従業員に周知し、企業としてもそのような取り扱いのないように注意が必要です。また、本人の同意により個人結果を会社に開示した場合も、それにより不利益がないように保障されなければなりません。

■ストレスチェック実施方法等の決定

衛生委員会等の調査・審議を経て、ストレスチェックの具体的な実施方法等を決定します。

①ストレスチェックの実施者

会社が直接従業員に質問することはできません。実施者は事業場の産業医等、法律で認められている資格者から選ぶ必要があります。その事業場で選任されている産業医が実施者になることが最も望ましいとされます。

外部専門機関に委託することも可能ですが、外部に丸投げするのではなく、事業場の産業医やメンタルヘルス関連の担当者も共同実施者や実施事務従事者

としておくことが望ましいでしょう。

②ストレスチェックの時期

いつ実施するのかを決定します。1回目は2016年11月までに実施しなければなりません。定期健康診断と同時にすることも可能ですが、健診の問診票とストレスチェックの調査票をしっかり分けて実施する必要があります。

③実施頻度

実施頻度は、1年以内ごとに1回定期的に行うこととされています。1年に複数回行うことやストレスが高まる繁忙期に行うことに関しては、衛生委員会で審議し労使で合意すれば可能です。一般定期健診と同時に実施することも可能ですが、健診の問診票とストレスチェックの調査票は別葉とし区別しなければなりません。(⇒Q10参照)

④ストレスチェックの質問の内容

使用する質問票を選定します。厚生労働省が推奨する「職業性ストレス簡易調査票」(57項目)またはその簡略版(23項目)の利用が一般的です。

⑤高ストレス者の選定基準

質問票の回答から、医師などの実施者が受検者のストレスの程度を評価し、その中から「高ストレス者」を選定しますが、どのような方法でストレスが高い人を特定するのかを決めておく必要があります。

⑥従業員との窓口

高ストレス者に選定された受検者には、産業医などの実施者から面接が必要であることが直接本人に通知されます。その連絡を受けた従業員が個別面接指導を受けるためには、従業員と連絡のやりとりをする窓口も決めておかなければなりません。

⑦面接指導を行う医師

必ずしもストレスチェックの実施者が面接指導を行うわけではありません。その事業場の産業医(または保健活動に従事している医師)が推奨されます。外部の医師に委託する場合も、産業医資格を有し、メンタルヘルスに関する知識や技術を持っている医師に委託するのがよいでしょう。

⑧ストレスチェックの結果の保管方法

医師などの実施者が保存します。実施事務従事者が企業内で鍵のかかるキャ

ビネットに保管したり、パスワードをかけてサーバー内で保管することもできます。第三者に閲覧されないよう鍵やパスワードの管理についても定めておきましょう。

　⑨**集団分析の方法**

　努力義務ではありますが、実施者にストレスチェックの結果を一定規模の集団（部・課・グループなど）ごとに集計・分析してもらう場合は、その方法も定めておきます。

■外部委託を利用する場合は外部機関を選定

　会社の産業医がストレスチェックの実施者になれない場合には、実施者の役割を外部機関に委託することができます。同様に、社内に実際の事務作業を行うスタッフがいない場合も、実施事務従事者の役割を外部に委託することができます。

　ここでのポイントは

　①**外部機関のストレスチェック後のフォロー体制を確認する。**

　高ストレス者を対象とした面接指導は医師にしかできないので、面接指導体制について誰がどこで実施するのかなど、詳しく確認しましょう。

　テレビ電話等の情報通信機器を用いて遠隔で実施する面接指導の場合、厚生労働省が求める留意事項を満たしているかチェックしてください。（⇒Q&A14参照）

　事業者は面接指導する医師に対し、面接を受ける従業員に関する労働時間等の勤務の状況等について情報を提供しなければなりません。面接指導の申し出窓口を外部機関に委託する場合でも、社内に実施事務従事者が必要でしょう。

　②**信頼できる外部機関であっても「全権委任」しないこと。**

　a　産業医にも外部機関と連携して共同実施者として関与してもらう
　b　社内担当者も実施事務従事者の1人として加わり作業をチェックする

　③**特に情報管理についてしっかりチェックする。**

　ストレスチェックの結果の記録は5年間保存しなければなりません。どのような方法で情報管理のセキュリティーを担保するか確認しましょう。

　外部機関の選定判断にあたっては、国の「実施マニュアル」にチェックリストが示されているので参考にしてください。（⇒Q&A5、巻末資料①参照）

■実施方法等について社内規程を作成し、周知させる。従業員に説明、事前情報を提供

　衛生委員会等で審議・決定した内容を明文化し、従業員に周知させます。

　ストレスチェック制度に関する社内規程については、特定の形式・書式はなく、各社の実情に即して作成します。厚生労働省が作成した実施ツール「ストレスチェック制度実施規程(例)」を参考にしてください。(⇒巻末資料②参照)

　この規程例では、以下のような項目について記載されています。社内の運用ルールとなるよう、なるべく具体的に記載するようにしましょう。

　①規程の目的・周知方法・適用範囲
　②ストレスチェックの趣旨(注：未然防止が目的であることを周知徹底する)
　③実施体制：実施者、ストレスチェック制度担当者など
　④実施方法：時期・対象者・調査票・高ストレスの選定方法、通知方法など
　⑤面接指導：申し出方法、実施方法など
　⑥就業上の措置の実施方法(注：「正当な理由がないかぎり、社員は会社が指示する措置に従わなければならないこと」を明記しておく)
　⑦集団ごとの集計・分析
　⑧記録の保存、情報管理、苦情処理
　⑨秘密保持、不利益な取り扱いの防止

　周知方法は、休憩室の掲示版にポスターを貼り出す、イントラネット上にアップする、印刷物を配布する等がありますが、各事業場の実情に合わせて選んでください。管理職(できれば全社員)を対象に社内説明会を実施し、趣旨や制度概要を理解してもらえれば理想的です。

　また、この社内規程は就業規則に該当するものではないとされています。したがって、労働基準監督署への届け出も必要ありません。

6 ストレスチェック制度の導入準備Q&A

Q1 従業員数が50人を超えたばかりで、産業医の選定も衛生委員会もこれからなのですが、ストレスチェック制度はどんなふうに導入したらいいのでしょうか？

A1 ●ストレスチェック制度の体制構築には衛生委員会での審議が必須です。ストレスチェック制度を導入するためには、衛生委員会を設置し、毎月、メンタルヘルス対策を労使で話し合う機会を持つことが先決です。

●衛生委員会とは何か？

1　常時50名以上の従業員を使用している事業場に設置が義務づけられている。
2　毎月1回以上開催し、衛生に関する事項を討議する。委員会における議事の概要を従業員に周知する。
3　委員会における議事で重要なものに係る記録を作成し、3年間保存する。
4　衛生委員会のメンバー
　①総括安全衛生管理者または事業の実施を統括管理する者（議長）
　②衛生管理者※
　③産業医

④従業員（衛生に関し経験を有する者）

※常時50名以上の従業員を使用している事業場では「衛生管理者」を選任しなければなりません。衛生管理者免許には「第一種」と「第二種」があり、全業種で有効なのは「第一種」です。免許試験に合格した者など一定の資格を有する者から選任します。

①以外の委員については事業者が指名します。この内の半数は、従業員の過半数で組織する労働組合がある場合はその労働組合、過半数で組織する労働組合がない場合は従業員の過半数を代表する者の推薦に基づいて指名しなければなりません。

● 衛生委員会の主な調査・審議事項

ストレスチェックに関する事項を含み、主な調査・審議事項は以下のとおり。

①衛生に関する規程の作成に関すること
②衛生に関する計画の作成、実施、評価及び改善に関すること
③衛生教育の実施計画の作成に関すること
④定期健康診断等の結果に対する対策の樹立に関すること
⑤長時間にわたる労働による従業員の健康障害の防止を図るための対策の樹立に関すること
⑥従業員の精神的健康の保持増進を図るための対策に関すること

コラム

産業医をどう選任するか？

地域の医師会、産業医事務所、健診実施機関への依頼、親会社の産業医への相談等から選任を検討します。ストレスチェックの面接指導も見据える場合、メンタルヘルスに関する知識や技術を持っている医師であることが望ましいでしょう。中小規模の企業の場合、非常勤の嘱託産業医として契約し、月1回か2回、事業場を訪問するかたちが一般的です。新たに産業医を選任する場合は、ストレスチェックでの役割（実施者となるか、高ストレス者の面接指導は可能か）や報酬等を契約書に明記しておくことが大切です。

Q2 実施者が嘱託産業医の場合の体制づくりはどのようになりますか？

A2

● 実施者は、嘱託産業医であることが最も望ましいとされています。そのため、まず事業者が、嘱託産業医を実施者に指名します。次に実施事務従事者を衛生管理者、総務・人事・労務担当者などから指名します。この際、人事権を持つ者は実施事務従事者にはなれないことに留意してください。

● 嘱託産業医は月に1回程度の訪社であることが多いため、実施事務従事者の役割は相対的に大きくなります。実施者である嘱託産業医の指示に基づき、補助作業を行います。たとえば、従業員が記入した調査票の回収、データ入力、ストレスチェック結果の封入などです。実施者と実施事務従事者の負担軽減のため、外部委託機関を有効利用し、それぞれの業務負担を調整することが現実的です。

● 事前に定めた高ストレス者の基準を超えた従業員の内、実施者が必要と認めた従業員に対して医師による面接指導を行います。ストレスチェック結果の通知後、約1か月以内に面接指導を行う必要があるため、嘱託産業医だけでは対応が難しければ、あらかじめ面接指導の業務を外部機関に委託することもできます。実施者である嘱託産業医と面接指導を行う医師は異なっていてもよいとされています。

Q3 実施者が常勤保健師の場合の体制づくりはどのようになりますか？

A3
● 実施者が常勤保健師の場合、社内に嘱託産業医が選任されていれば事業者は同様に実施者として指名し、嘱託産業医が実施代表者になることが望ましいとされます。この場合でも、実施者としての常勤保健師がストレスチェックを実施することが可能です。また、実施事務従事者は、社内の衛生管理者、総務・人事・労務担当者などから指名します。

● 常勤保健師が勤務している場合、マンパワーに余裕があるため、従業員への啓蒙活動、受検の勧奨、面接指導の申し出の勧奨なども行ってもらうとよいでしょう。

● 高ストレス者の選定、面接指導は嘱託産業医が行います。面接指導については、嘱託産業医の負担が大きいようであれば、医師の在籍する外部機関に委託することもできます。

● 実施者としての常勤保健師は、医師による面接指導の結果を把握することはできませんが、集団分析の実施と結果の把握は可能です。従業員個人の特性や社内の労働環境にも精通しやすいという常勤の利点を生かし、従業員からのストレスチェックの一般的な相談や集団分析の結果に基づく職場環境の改善に積極的に関与してもらえばよいでしょう。

Q4 実施者が外部機関の医師・産業医の場合の体制づくりはどのようになりますか?

A4 ◉実施者が外部機関の医師・産業医等である場合、事業場内に産業保健スタッフ(産業医、保健師など)がいるならば、できる限り共同実施者として選任することが推奨されます。

◉もし産業保健スタッフが共同実施者とならない場合は、外部機関に所属する実施者と社内の実施事務従事者以外の者は、ストレスチェックの結果の把握はできません。そのため、事業場内の産業保健スタッフが個人の結果を把握する場合でも、そのつど従業員の「同意」が必要となることに注意してください。

◉そもそも社内に産業保健スタッフがいない場合でも、実施事務従事者ができる限り外部機関と連携することが重要です。

◉実施者が外部機関の医師・産業医である場合、面接指導を行う場所をあらかじめ定めておく必要があります。もし、事業場外で面接指導を行う場合は、面接指導の結果を事業場へ提供する際の方法も検討しておかなければなりません。安易にメール等で提供することは個人情報保護の観点から行うべきではないでしょう。

◉また、外部機関の医師・産業医は勤務状況や職場環境に関する十分な情報が得られていない可能性も高く、あらかじめ事業者が、対象従業員の部署や役職、業務内容、労働時間等の情報を外部機関の医師・産業医に伝えておかなければなりません。

Q5 外部機関に委託する場合、どうやって外部機関を探せばいいですか。また、どんな点に注意し、どんなふうに委託したらいいのでしょうか？

A5
● 健診機関、病院・診療所、産業医業務を専門とする個人事務所、社会保険労務士事務所、EAP（従業員支援プログラム）などが外部機関として考えられます。外部機関の探し方としては、事業場の選任産業医などの専門家の視点を参考に、各外部機関により特性や費用を比較していくことになります。なお、中立的な立場から、複数の外部機関を比較して最適な機関の選定の支援を行う外資系人事コンサルティング会社を利用する方法もあります。

● 厚生労働省は「外部機関にストレスチェック及び面接指導の実施を委託する場合のチェックリスト例」（巻末資料①）にて、外部機関を選定する際の注意点を明示しています。ポイントは以下の3点です。

①実施者や実施事務従事者の守秘義務や個人結果等に関するセキュリティに配慮がなされているか。

②ストレスチェックの調査票の選定、結果の評価方法、高ストレス者の選定方法・基準などが法令を満たしているか。

③ストレスチェック後の医師による面接指導体制が整備されているか。

● ストレスチェック制度は、ストレスチェック検査、医師による面接指導、集団分析に大別されます。自社がどこまで外部機関に委託する必要があるのかを念頭に入れる必要があります。

● 多くの外部機関は、検査と集団分析までは比較的充実したサービスを提供していますが、医師による面接指導については体制が不十分な場合もあります。自社の嘱託産業医による面接指導ができない場合は、外部の精神科や心療内科を専門とする産業医に依頼するのが最も望ましいため、このような観点も選定指標となります。

コラム

ストレスチェックにかかる費用は？

ストレスチェック検査の費用は、厚労省のプログラムを使用すれば無料です。

外部機関を使用する場合は、従業員数にもよりますが、面接指導の要否の判定や面接指導は会社の選任産業医が行うと仮定し、ストレスチェックの検査だけ外部機関のプログラムを利用する場合は、従業員1名につき500円から3,000円程度が多いようです。なお、独自のノウハウにより、職業性簡易ストレス調査票の57項目に加えて検査項目を入れている場合は、高めの設定となることが多いようです。

また、ストレスチェック検査に加え、実施者の役割や面接指導を外部機関に委託するとなると、別途料金が必要となります。外部機関の選定に関する留意点（巻末資料①）を満たしているかどうかに配慮し、サービス内容とトータルの金額を事前に確認することが必要です。

7 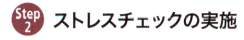 Step2 ストレスチェックの実施

■各従業員に質問票を配布

　ストレスチェックは「質問票」を用いて、用紙またはインターネットや社内のイントラネットで従業員本人が回答することにより行います。対象者には目的、実施期間、実施方法、結果の取り扱い等につき、電子メール等で案内を出します。（実施時の案内文の例⇒巻末資料③参照）

　質問票には次の3領域に関する項目をすべて含まなければなりません。
①職場における当該従業員の心理的な負担の原因に関する項目（仕事のストレス要因）
②心理的な負担による心身の自覚症状に関する項目（心身のストレス反応）
③職場における他の従業員による当該従業員への支援に関する項目（周囲のサポート）

　使用する質問票は「職業性ストレス簡易質問票(57項目)」の利用が奨励されています。この質問票(38～39頁参照)は、「仕事のストレス要因」として17項目、「心身のストレス反応」として29項目、「周囲のサポート」として9項目が含まれ、「満足度について」の2項目とあわせて全57項目で構成されています。

　さらに簡素化した「職業性ストレス簡易質問票の簡略版(23項目)」(40頁参照)を使用することもできます。どちらも、厚生労働省のホームページからダウンロードすることができます。(http://kokoro.mhlw.go.jp)

職業性ストレス簡易調査票(57項目)

仕事のストレス要因

A　あなたの仕事についてうかがいます。最もあてはまるものに○を付けてください。

	そうだ	まあそうだ	ややちがう	ちがう
1. 非常にたくさんの仕事をしなければならない	1	2	3	4
2. 時間内に仕事が処理しきれない	1	2	3	4
3. 一生懸命働かなければならない	1	2	3	4
4. かなり注意を集中する必要がある	1	2	3	4
5. 高度の知識や技術が必要なむずかしい仕事だ	1	2	3	4
6. 勤務時間中はいつも仕事のことを考えていなければならない	1	2	3	4
7. からだを大変よく使う仕事だ	1	2	3	4
8. 自分のペースで仕事ができる	1	2	3	4
9. 自分で仕事の順番・やり方を決めることができる	1	2	3	4
10. 職場の仕事の方針に自分の意見を反映できる	1	2	3	4
11. 自分の技能や知識を仕事で使うことが少ない	1	2	3	4
12. 私の部署内で意見のくい違いがある	1	2	3	4
13. 私の部署と他の部署とはうまが合わない	1	2	3	4
14. 私の職場の雰囲気は友好的である	1	2	3	4
15. 私の職場の作業環境(騒音、照明、温度、換気など)はよくない	1	2	3	4
16. 仕事の内容は自分にあっている	1	2	3	4
17. 働きがいのある仕事だ	1	2	3	4

心身のストレス反応

B　最近1か月間のあなたの状態についてうかがいます。最もあてはまるものに○を付けてください。

	ほとんどなかった	ときどきあった	しばしばあった	ほとんどいつもあった
1. 活気がわいてくる	1	2	3	4
2. 元気がいっぱいだ	1	2	3	4
3. 生き生きする	1	2	3	4
4. 怒りを感じる	1	2	3	4
5. 内心腹立たしい	1	2	3	4
6. イライラしている	1	2	3	4
7. ひどく疲れた	1	2	3	4
8. へとへとだ	1	2	3	4
9. だるい	1	2	3	4
10. 気がはりつめている	1	2	3	4
11. 不安だ	1	2	3	4
12. 落着かない	1	2	3	4
13. ゆううつだ	1	2	3	4
14. 何をするのも面倒だ	1	2	3	4
15. 物事に集中できない	1	2	3	4
16. 気分が晴れない	1	2	3	4
17. 仕事が手につかない	1	2	3	4
18. 悲しいと感じる	1	2	3	4

	ほとんどなかった	ときどきあった	しばしばあった	ほとんどいつもあった
19. めまいがする	1	2	3	4
20. 体のふしぶしが痛む	1	2	3	4
21. 頭が重かったり頭痛がする	1	2	3	4
22. 首筋や肩がこる	1	2	3	4
23. 腰が痛い	1	2	3	4
24. 目が疲れる	1	2	3	4
25. 動悸や息切れがする	1	2	3	4
26. 胃腸の具合が悪い	1	2	3	4
27. 食欲がない	1	2	3	4
28. 便秘や下痢をする	1	2	3	4
29. よく眠れない	1	2	3	4

周囲のサポート

C あなたの周りの方々についてうかがいます。最もあてはまるものに○を付けてください。

	非常に	かなり	多少	全くない
次の人たちはどのくらい気軽に話ができますか？				
1. 上司	1	2	3	4
2. 職場の同僚	1	2	3	4
3. 配偶者、家族、友人等	1	2	3	4
あなたが困った時、次の人たちはどのくらい頼りになりますか？				
4. 上司	1	2	3	4
5. 職場の同僚	1	2	3	4
6. 配偶者、家族、友人等	1	2	3	4
あなたの個人的な問題を相談したら、次の人たちはどのくらいきいてくれますか？				
7. 上司	1	2	3	4
8. 職場の同僚	1	2	3	4
9. 配偶者、家族、友人等	1	2	3	4

満足度

D 満足度について

	満足	まあ満足	やや不満足	不満足
1. 仕事に満足だ	1	2	3	4
2. 家庭生活に満足だ	1	2	3	4

（厚生労働省「職業性ストレス簡易調査票（57項目）」より）

職業性ストレス簡易調査票の簡略版（23項目）

仕事のストレス要因

A　あなたの仕事についてうかがいます。最もあてはまるものに○を付けてください。

	そうだ	まあそうだ	ややちがう	ちがう
1. 非常にたくさんの仕事をしなければならない	1	2	3	4
2. 時間内に仕事が処理しきれない	1	2	3	4
3. 一生懸命働かなければならない	1	2	3	4
8. 自分のペースで仕事ができる	1	2	3	4
9. 自分で仕事の順番・やり方を決めることができる	1	2	3	4
10. 職場の仕事の方針に自分の意見を反映できる	1	2	3	4

心身のストレス反応

B　最近1か月間のあなたの状態についてうかがいます。最もあてはまるものに○を付けてください。

	ほとんどなかった	ときどきあった	しばしばあった	ほとんどいつもあった
7. ひどく疲れた	1	2	3	4
8. へとへとだ	1	2	3	4
9. だるい	1	2	3	4
10. 気がはりつめている	1	2	3	4
11. 不安だ	1	2	3	4
12. 落着かない	1	2	3	4
13. ゆううつだ	1	2	3	4
14. 何をするのも面倒だ	1	2	3	4
16. 気分が晴れない	1	2	3	4
27. 食欲がない	1	2	3	4
29. よく眠れない	1	2	3	4

周囲のサポート

C　あなたの周りの方々についてうかがいます。最もあてはまるものに○を付けてください。

	非常に	かなり	多少	全くない
次の人たちはどのくらい気軽に話ができますか？				
1. 上司	1	2	3	4
2. 職場の同僚	1	2	3	4
あなたが困った時、次の人たちはどのくらい頼りになりますか？				
4. 上司	1	2	3	4
5. 職場の同僚	1	2	3	4
あなたの個人的な問題を相談したら、次の人たちはどのくらいきいてくれますか？				
7. 上司	1	2	3	4
8. 職場の同僚	1	2	3	4

（厚生労働省「職業性ストレス簡易調査票の簡略版（23項目）」より）

■各自が回答を記入し返送

　質問用紙で実施する場合、実施者(または実施事務従事者)が、記入済みの調査票を回収し、記入回答をデータ入力します。この回収・入力作業等の調査票記入後の作業には、人事権者は従事できません(封筒に封入されていて記入内容が分からない状態での回収等を除きます)。

　オンラインで実施する場合は、各従業員がオンラインにアクセスし、回答を入力します。

■個人結果の集計

　実施者は、入力されたデータを集計し、個人ごとの集計結果を一定の評価基準により評価します。そこから「高ストレス者」を選定します。国の「実施マニュアル」では受検者全体の1割程度が高ストレス者に該当することを前提として、評価基準が示されています。

　この集計は、国が無料で公開・配布するプログラムで自動実施が可能です。計算した結果は、レーダーチャート形式(50頁参照)または表形式で表します。レーダーチャートと表形式で出力した結果に対する簡単な説明とアドバイスを付した文書も同時に作成します。

　国では、職業性ストレス簡易調査票を用いて、従業員個人のストレス状況を把握しストレスプロフィールを出力できるツールを無料で提供しています。(http://stresscheck.mhlw.go.jp/)

　実施者は、評価結果を確認し、面接指導の要否の判断を行います。

　オンラインで実施した場合は、その場で個人結果が表示されます。

8 ストレスチェックの実施Q&A

Q6 ストレスチェックの対象者はどのようになりますか？

A6 ●ストレスチェックの対象者は、「常時使用する労働者」で、正社員だけではなく、次の①②の両方の要件を満たす者です。一般定期健康診断の対象と同様と考えるとわかりやすいでしょう。

　①期間の定めのない労働契約により使用される者（契約期間が1年以上の者並びに契約更新により1年以上使用されることが予定されている者及び1年以上引き続き使用されている者を含む）であること

　②週の労働時間数が、通常の労働者の1週間の所定労働時間の4分の3以上であること

●注意すべき点として下記のことが挙げられます。

　①派遣労働者：個人のストレスチェックは派遣元事業者が実施義務を負う。派遣先での集団分析のためには派遣先事業者が実施の努力義務を負う。そのため、派遣労働者は複数回のストレスチェックを受検しなければならない可能性がある。

　②海外出向中の労働者：海外現地法人に雇用されている場合は、ストレスチェックの実施義務はないが、日本法人から海外出向中の場合は、ストレスチェックの実施義務がある。

　③休職している労働者：ストレスチェックの実施期間に休職している労働者に対しては実施義務はない。

Q7 ストレスチェックの検査項目はどのように選定しますか？「職業性簡易ストレス調査票（57項目）」以外の項目にしてもいいですか？

A7 ●検査項目は、「職業性簡易ストレス調査票（57項目）」が推奨されていますが、法令で規定されたものではないため、各事業場で法定の3領域（①仕事のストレス要因、②心身のストレス反応、③周囲のサポート）に関する項目を含んだうえで、独自の項目を選定することもできます。

●しかし、一定の科学的根拠があることが前提となるため、一般の企業が初めて導入する際には、奨励されている検査項目を使用するのが実際的でしょう。

●もし「職業性簡易ストレス調査票」を使用しない場合は、検査項目の独自性を特長としている外部委託機関の中から、実施者である産業医等の助言を聴きながら選定することが望ましいでしょう。この際、上記3領域の検査項目を含むことが前提となります。

●なお、ストレスチェックとして行う調査票に、「性格検査」「適性検査」「希死念慮」「うつ病検査」等を含めることは不適当とされます。ストレスチェックは「性格検査」や「適性検査」を目的とするものではなく、また、うつ病等の精神疾患のスクリーニングではないためです。メンタルヘルス不調の一次予防というストレスチェックの目的に適した項目を設定すべきでしょう。

Q8 受検の勧奨はどのように行いますか？

A8
- 受検の勧奨については、下図に示すように実施者または実施事務従事者から勧奨する方法と事業者から勧奨する方法があります。
- 実施者または実施事務従事者が勧奨する場合、ある時点での未受検者に対し、紙媒体かWebにて通知文書を送ります。（受検を実施者から勧奨する場合の文例⇒巻末資料③参照）
- 事業者が勧奨する場合は、ある時点での未受検者のリストを実施者から入手します。この際、実施者は労働者個人の受検の有無を知ることについて労働者個人の同意を得る必要はありません。

　事業者が受検勧奨する場合の注意点として、下記の点が挙げられます。
　①業務命令のような形で強要することのないようにする。
　②受検しない労働者に対して不利益な取り扱いがないようにする。

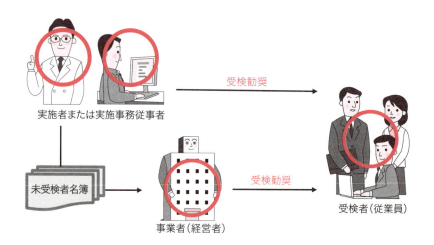

ストレスチェック結果に関する情報の取扱い
本人及び会社側関係者毎の情報の把握・取得可能な範囲について

		従業員本人	管理監督者(直属上司・部門長等)	ストレスチェック実施者(ストレスチェック実施のみ担当)	面接指導実施医師(面接指導のみ担当)	ストレスチェック・面接指導のいずれも担当しない産業保健スタッフ	実施事務従事者	人事労務部門
ストレスチェック受検の有無		○	○	○	○	○	○	○
ストレスチェック受検の結果(面接指導対象該当の有無)	結果提供についての同意なし	○	×	○	×	×	○	×
	結果提供についての同意あり	○	△	○	○	△	○	○
	面接指導の申出あり	○	△	○	○	△	○	○
面接指導の詳細な内容		○	×	×	○	△	×	△
面接指導に基づく就業意見		○	△	×	○	○	△	○
集団分析の結果		※	※	○	△	△	○	○

○：把握・取得可
△：就業上の措置実施等に必要な範囲・内容に限って把握・取得可
×：把握・取得不可
※：各事業場で検討した上で把握・取得可とするかどうか決定

(「実施マニュアル」p18より)

Q9 高ストレス者はどのように選定しますか？

A9　●高ストレス者の選定方法は、下記の2通りの方法があります。

その1　調査票の点数が一定以上の者とする。

その2　調査票の点数が一定以上の者の内、実施者または産業保健スタッフが面接を行い、その結果を参考にして選定した者とする。

いずれにおいても「調査票の点数が一定以上」の定義は下記①、②のいずれかを満たす場合となります。

①調査票のうち、「心理的な負担による心身の自覚症状に関する項目」の評価点数の合計が高い者

②調査票のうち、「心理的な負担による心身の自覚症状に関する項目」の評価点数の合計が一定以上の者であって、かつ、「職場における当該労働者の心理的な負担の原因に関する項目」および「職場における他の労働者による当該労働者への支援に関する項目」の評価点数の合計が著しく高い者

●職業性ストレス簡易調査票を用いる場合には、評価基準として、合計点数を使う方法と素点換算表（巻末資料④参照）を使う方法の2つがあります。いずれの方法も、約2.5万人（男性15,933人、女性8,447人）の種々の業種、職種の従業員のデータベースにより評価の基準が作成されています。

●高ストレス対象者を10％程度とした場合の、合計点数を使う方法と素点換算表を使う方法、57項目を使用する場合と23項目を使用する場合のそれぞれの具体的な評価基準の例については、巻末資料⑤をご参照ください。

●合計点数を使う方法の利点は、調査票の各質問項目への回答の点数を単純に合計して得られる評価点を基準に用いるため、特別な手順によらず簡便に算出できることです。

●素点換算表を使う方法の利点は、個人プロフィールとの関連がわかりやすく、尺度ごとの評価が考慮された解析方法である点です。一方、手順が煩雑なため、分析ツール（プログラム）が必要となります。

● 合計点数を使う方法と素点換算表を使う方法について、より詳細な「算出の手順」と「計算例」は、巻末資料⑥をご参照ください。
● どちらの方法についても、高ストレス者の選定基準のひとつとしての「調査票の点数が一定以上」に関する基準値は、約2.5万人のデータベースの高ストレス上位10%程度がひとつの基準として示されていますが、この割合は面接指導の対象者の選定方針や事業場全体の高ストレス者の比率を勘案し、変更することができます。
● 各事業場における高ストレス上位10%の労働者を高ストレス者として選定する、というように誤った認識で選定基準を策定してはいけません。高ストレス上位10%の労働者は、あくまでも約2.5万人のデータベースを基準としていることに注意が必要です。

高ストレス者選定のイメージ

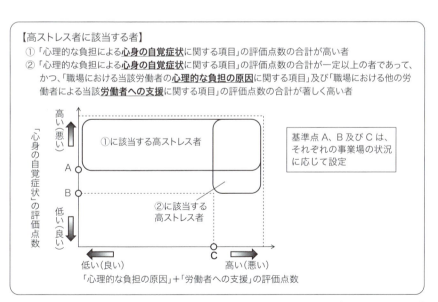

(厚生労働省「改正労働安全衛生法に基づくストレスチェック制度について」p19より)

Q10 ストレスチェックと一般定期健康診断(定期健診)とはどこが違うのですか? 同時に実施することはできますか?

A10
●定期健診とストレスチェックの対象者は同じですが、大きな違いは労働者の受診義務の有無です。定期健診を毎年受診することは労働者の義務ですが、ストレスチェックの受検は労働者の任意であることです。

●同時に実施する場合は、ストレスチェックの質問票と定期健診の問診票は別紙にする等、受検者がそれぞれの目的・取り扱いの違いをはっきり分かるようにすることが必要です。

ストレスチェックと一般定期健康診断の比較

項　目	ストレスチェック	一般定期健康診断
目　的	一次予防(不調を未然に防ぐ)	二次予防(早期発見)
対象者	常時使用する労働者⇒Q6参照	常時使用する労働者
実施義務事業場	労働者50人以上の事業場(50人未満の事業場は努力義務)	全事業場
実施頻度	1年以内ごとに1回	1年以内ごとに1回。ただし、深夜業に従事している労働者などは6か月ごとに1回
労働者の受診義務	なし	あり
事業者への結果通知	労働者の個別同意が必要(集団分析結果は除く)	法定項目は通知される(労働者の同意不要)

Step3 個人結果の通知、面接指導

■実施者から受検者にストレスチェックの結果を通知、高ストレス者には面接指導の必要性を連絡

ストレスチェックの結果は、以下の3点について封書または電子メールで実施者から本人に直接通知します。

①個人のストレスプロフィール(個人ごとのストレスの特徴や傾向を数値、図表等で示したもの)
②ストレスの程度(高ストレスに該当するか否かの評価結果)
③医師による面接指導の対象者か否かの判定結果

以下についてもあわせて伝えるようにしましょう。

④セルフケアに関する助言・指導
⑤(面接対象者には)面接指導の申出窓口および申出方法
⑥その他の相談窓口に関する情報

原則として、個人結果を事業者(会社)も把握しておきたい場合は、各人への結果通知後に、受検者全員から個別に同意を得ておく必要があります。

ここで留意すべき点は、ストレスチェック実施前や実施時に同意を取得することはできないということです。また、受検者全員まとめて同意を取得することは禁止されています。ただし、面接指導の対象者が面接指導の申し出を行った場合は、個人結果の事業者(会社)への提供に同意がなされたものとみなされます。

厚生労働省が作成した受検者に対する結果通知の例は、次頁をご参照ください。

受検者に対する結果通知の例

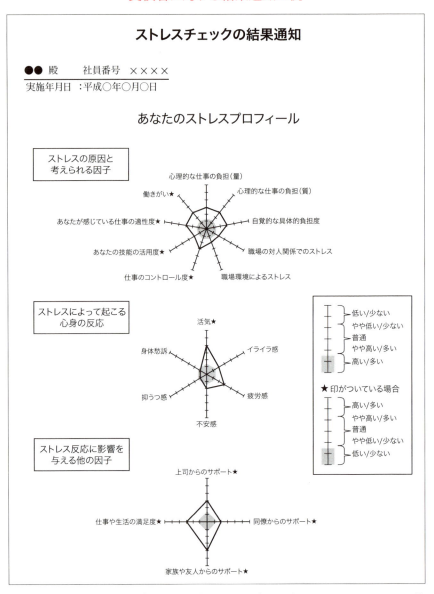

*レーダーチャート形式ではレーダーが小さく中心を向いているほど、ストレス状況は良くないことを示しています。

<評価結果(点数)について>

項目	評価点(合計)
ストレスの要因に関する項目	○○点
心身のストレス反応に関する項目	○○点
周囲のサポートに関する項目	○○点
合計	○○点

<あなたのストレスの程度について>

あなたはストレスが高い状態です(高ストレス者に該当します)。

> セルフケアのためのアドバイス
> ・・・・・・・・・・・・・・・・・・・・・・・・・・
> ・・・・・・・・・・・・・・・・・・・・・・・・・・

<面接指導の要否について>

医師の面接指導を受けていただくことをおすすめします。

以下の申出窓口にご連絡下さい。

○○○○(メール:****@**** 電話:****-****)

※面接指導を申出した場合は、ストレスチェック結果は会社側に提供されます。また、面接指導の結果、必要に応じて就業上の措置が講じられることになります。

※医師の面接指導ではなく、相談をご希望の方は、下記までご連絡下さい。

○○○○(メール:****@**** 電話:****-****)

ストレスチェック実施者 産業医○○○○

(「実施マニュアル」p49、50より)

■高ストレス者に対して医師による面接指導を実施

　ストレスチェックの結果から高ストレスと評価され、面接指導の対象となる旨の連絡を受けた受検者が、事業者(会社)の窓口に面接を申し入れることで、医師による面接が行われます。

　すべての対象者から面接の申し込みがあるわけではありません。誰が申し込みをしたかを把握する立場の実施者(または実施事務従事者)がメール等で面接指導の勧誘を行います。

　実際に面接指導を行う医師は精神科などの専門医である必要はありません。その事業場の産業医等が望ましいとされています。

　面接時に医師は以下を確認します。

　①当該従業員の勤務の状況(あらかじめ事業者〔会社〕は、本人の業務内容や労働時間の情報を医師に提供しておく必要があります)

　②心理的な負担の状況

　③その他の心身の状況の確認

　確認後、医師は保健指導を行い、必要に応じて、精神科や心療内科への受診を勧め、専門医療機関の紹介等を行います。

■会社は医師に意見聴取を行い、必要な就業上の事後措置を実施

　高ストレス者の面談指導後、事業者(会社)は面談を担当した医師から、就業上の措置の必要性や対応すべき措置について、遅滞なく(遅くとも1か月以内)意見を聴取しなければなりません。

　面接指導を実施した医師が、選任産業医以外の医師であるときは、選任産業医からも、面接指導を実施した医師の意見を踏まえた意見を聴くことが適当です。

　具体的には、就業区分(通常の勤務のままでよいか、短時間勤務等の就業制限を講じるべきか、それとも休業が必要か)や事後措置(労働時間の短縮や出張の制限など)について意見を聴きます。事業者(会社)は、医師の意見を踏まえ、本人の実情を考慮して、必要な就業上の措置を講じます。

10 個人結果の通知、面接指導Q&A

Q11 面接指導の申し出の勧奨はどのように行いますか？

A11 ●面接指導の対象者を把握している医師等の実施者が、以下の方法により面接指導の申し出の勧奨を行います。また、以下の②、③の場合は、実施事務従事者が勧奨を行うことも可能です。

①実施者が個人のストレスチェック結果を本人に通知する際に、面接指導の対象者であることを伝え、面接指導を受けるよう勧奨する。

②個人のストレスチェック結果の通知から一定期間後に、実施者が封書または電子メールで本人にその後の状況について確認し、面接指導の申し出を行っていない者に対して面接指導を受けるよう勧奨する。

③面接指導の申し出の有無の情報を事業者から提供してもらい、すでに事業者に対して申し出を行った従業員を除いて勧奨する。

●勧奨に際して、面接指導の対象者のみに職場内で封書を送付するような場合、面接指導の要否が周囲に類推される可能性があります。そのため、全員に面接指導の要否についての通知文を送付する、電子メールで勧奨する、自宅に封書で郵送する、などの配慮が必要です。

Q12 事業者に結果を提供する際の労働者の同意の取得はどのように行いますか？

A12
- 同意の取得は、実際に事業者に提供される情報の中身(自分のストレスプロフィールおよび評価結果)を労働者本人が知った上で行う必要があります。そのため、その情報が労働者に提供されていないストレスチェック実施前または実施時の同意取得や、あらかじめ同意した労働者だけを対象にストレスチェックを実施すること等は禁止されています。
- 個人の結果を通知したあと、受検者全員に対して、個別に同意を取得する方法や、面接指導の対象者に対して、個別に同意を取得する方法がありますが、後者の場合、面接指導対象者であることが周囲に類推される可能性があるため注意が必要です。
- また、厚労省の指針では、面接指導の申し出をもって、個人結果の事業者への提供に同意がなされたとみなして差し支えないこととなっていますが、面接指導は受けたいが結果の提供は希望しない労働者にとっては、面接指導の申し出を妨げる要因となり得ます。
- 事業者に結果を提供することよりも面接指導を受けることのほうが重要性が高いため、面接指導ではなく一般の産業医面接として取り扱う体制を整備すること、あるいは個人結果の提供は最小限にとどめること(たとえば高ストレスであることのみ)などの方策が考えられます。いずれも厚労省の指針で触れられている方法です。
- また、嘱託産業医が共同実施者とならず、外部機関の医師等が実施者である場合、嘱託産業医への結果の提供は労働者本人の同意を得ることが義務づけられています。事業者への結果の提供は言うまでもありません。

Q13 面接指導はどのように行いますか？

A13

● 事業者は、高ストレスと評価された労働者から面接指導の申し出があった場合、遅滞なく面接指導を行う義務があります。「遅滞なく」とは、「遅くとも約1か月以内」とされています。

● 面接指導を行う者は、その事業場の産業医（または産業保健活動に従事している医師）が推奨されます。少なくとも、面接は産業医資格を有し、メンタルヘルスに関する知識や技術を持っている医師に委託するのがよいでしょう。

● 実施する場所は、事業場内である場合、プライバシーが保たれる場所を選定すべきです。事業場外で行う場合も同様で、移動に負担がかからないほうが望ましいでしょう。

● 面接指導は、原則として勤務時間内に行います。面接にかかる費用は事業者が負担すべきものであり、病院での診療とは異なりますので保険診療で行うものではありません。

● また、医師による面接指導に際しては、面接指導を行う医師にあらかじめ以下の3つの事項を情報提供しておかなければなりません。

　①対象となる従業員の氏名、性別、年齢、所属する事業場名、部署、役職等
　②ストレスチェックの結果（個人のストレスプロフィール等）
　③ストレスチェックを実施する直前1か月間の、労働時間（時間外・休日労働時間を含む）、労働日数、業務内容（特に責任の重さなどを含む）等

Q14　テレビ電話等による面接指導の留意点は何ですか？

A14　● 面接指導は、医師が従業員の様子（表情、しぐさ、話し方、声色等）も含めて疲労の状況やストレスの状況を把握する必要があるため、原則として直接対面面接が望ましいとされています。映像を伴わない電話による面接指導の実施は認められていません。

● 情報通信機器を用いて面接指導を行う場合は、労働者の心身の状況の確認や必要な指導が適切に行われるようにするため、以下の各事項に留意する必要があります。（厚労省「情報通信機器を用いた面接指導の実施について」を要約。http://www.mhlw.go.jp/bunya/roudoukijun/anzeneisei12/pdf/150918-2.pdf）

（1）面接指導を実施する医師が、以下の①〜④のいずれかの場合に該当すること。

　①対象労働者が所属する事業場の産業医である場合。

　②契約（雇用契約を含む）により、少なくとも過去1年以上の期間にわたって、対象労働者が所属する事業場の労働者の日常的な健康管理に関する業務を担当している場合。

　③過去1年以内に、対象労働者が所属する事業場を巡視したことがある場合。

　④過去1年以内に、当該労働者に直接対面により指導等を実施したことがある場合。

（2）面接指導に用いる情報通信機器の安定性とセキュリティの確保。

（3）情報通信機器を用いた面接指導の実施方法等が事前に労働者に周知されており、かつ面接指導の内容が第三者に知られることがないような環境の整備。

（4）情報通信機器を用いた面接指導を行った医師が緊急に対応すべき徴候等を把握した場合、現地の医師等と連携して対応したり、その事業場にいる産業保健スタッフが対応する等の緊急時対応体制の整備。

Q15 面接指導の結果に関する医師からの意見聴取および就業上の措置はどのように行いますか？

A15
●面接を行った医師から聴く内容としては、下表に示すような就業上の区分およびその内容に関する判断と、必要に応じて職場環境の改善に関する意見とされます。面接指導の結果の報告書に、事後措置に関する意見書を付けて提出してもらいましょう。

●就業上の措置を決定する場合、あらかじめ本人の意見を聴き、十分な話し合いを通じて、その措置の必要性について本人の了解が得られるよう努めるべきです。また、不利益な取り扱いにつながらないようにしなければなりません。

●就業上の措置は多岐にわたり、最終的にはケースごとの判断となります。たとえば「労働時間の短縮」がありますが、これは趣旨としては8時間の就業時間をさらに短縮するということではなく、時間外労働や休日労働の削減を意味します。

●就業上の措置の実施にあたっては、本人が勤務する職場の管理監督者の理解を得ることが不可欠です。事業者は、プライバシーに配慮しつつ、管理監督者に対して、就業上の措置の目的および内容等について理解が得られるように説明を行います。

就業区分及びその内容に関する医師の判断

就業区分		就業上の措置の内容
区分	内容	
通常勤務	通常の勤務でよいもの	
就業制限	勤務に制限を加える必要のあるもの	メンタルヘルス不調を未然に防止するため、労働時間の短縮、出張の制限、時間外労働の制限、労働負荷の制限、作業の転換、就業場所の変更、深夜業の回数の減少又は昼間勤務への転換等の措置を講じる。
要休業	勤務を休む必要のあるもの	療養等のため、休暇又は休職等により一定期間勤務させない措置を講じる。

(「実施マニュアル」p80 より)

11 集団分析、改善点の検討等

■集団分析を行い、その結果を職場改善に活用（努力義務）

　事業者は職場環境の改善のため、ストレスチェック結果を集団ごとに集計・分析し、職場ごとのストレスの状況を把握することが努力義務とされています。実際に、集団分析結果をまとめるのは、実施者（または実施事務従事者）です。

　集団分析結果をもとに、特定の集団（職場・部署）がメンタル不調リスクが高いことが分かれば、その集団に集中して管理職研修やワークショップ等の施策を講じることにより、職場環境改善を図ります。

■ストレスチェック結果の記録・保全

　事業者（会社）は、ストレスチェックの個人結果（面接指導結果を含む）を5年間保管しなければなりません。また、集団分析結果も5年間保存することが望ましいとされています。

　結果の記録の保存は、紙媒体と電磁的媒体のいずれでも可能とされます。

■実施状況の点検・確認および翌年度へ向けた改善点の検討

　事業者は、ストレスチェックの受検者数や面接指導を受けた人数を確認し、次回に向けて改善点を検討します。

■労働基準監督署への報告

　事業者は、1年以内ごとに1回、所定の書式により、必要項目（ストレスチェックの時期、実施者、受検人数、面接指導を受けた人数、面接指導した医師など）を労働基準監督署に報告しなければなりません。この際、産業医の記名・押印が必要になります。

12 集団分析、改善点の検討等 Q&A

Q16 ストレスチェック結果の保存はどのように行いますか?

A16
- 保存が必要な結果の記録は、①個人のストレスチェックのデータ、②ストレスの程度(高ストレスに該当するか否か)、③面接指導の対象者か否かの判定結果です。受検者が記入・入力した原票の保存は不要です。
- 本人が同意し事業者に提供された結果は、事業者が5年間保存する義務があります。
- 本人による同意が得られなかった結果については、5年間の保存が望ましく、実施者または実施事務従事者による保存が適切に行われるように、事業者が必要な措置を講じなければなりません。

実施者又はその他の実施事務従事者による結果保存の例

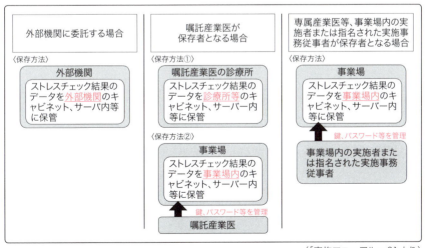

(「実施マニュアル」p61より)

Q17 面接指導の結果の保存はどのように行いますか？

A17
● 事業者は医師からの面接指導の結果を聴取した後、当該面接指導の結果の記録を作成し、これを5年間保存しなければなりません。結果の記録に際しては次に掲げる事項が必要であり、医師からの報告にこれらの項目がすべて含まれていれば、医師からの報告をそのまま保存することで足ります。
　①面接指導の実施年月日
　②当該従業員の氏名
　③面接指導を行った医師の氏名
　④当該従業員の勤務の状況
　⑤当該従業員の心理的な負担の状況
　⑥その他の当該従業員の心身の状況
　⑦当該従業員の健康を保持するために必要な措置についての医師の意見
● 保存方法はQ16で示したストレスチェック結果の保存と同様に、事業者は保存に関して権限のある者以外には閲覧できないように、システムへのログインパスワードの管理、キャビネットの鍵の管理等のセキュリティの確保が必要です。
● 結果の記録の保存は、紙媒体と電磁的媒体のいずれでも可能とされます。

Q18 集団ごとの集計・分析とはどのようなものですか？

A18
●集団ごとの集計・分析およびその結果に基づく対応は、事業者の努力義務とされています。

●ストレスチェックの主な目的はセルフケアですが、セルフケアを進めるに当たり、事業者は個人の所属する部署の職場環境の改善に努めることをあわせて行うことが効果的です。

●ストレスチェックの結果を職場や部署単位で集計・分析することにより、高ストレスの従業員が多い部署が明らかになります。当該部署の業務内容や労働時間などを他の情報とあわせて評価し、部署としてのストレスが高い場合、職場環境等の改善が必要と考えられます。

●集団ごとの集計・分析の具体的な方法は、使用する調査票（ストレスチェック項目）により異なりますが、職業性ストレス簡易調査票を使用する場合は、職業性ストレス簡易調査票に関して公開されている「仕事のストレス判定図」によることが適当です（次頁参照）。

●集団ごとの集計・分析結果は、個人ごとの結果を特定できないため、従業員の同意を得なくても、実施者から事業者に提供して差し支えありません。ただし、集計・分析の単位が10人を下回る場合には個人が特定されるおそれがあることから、集計・分析の対象となる従業員全員の同意がない限り、集計・分析結果を事業者に提供してはならないとされます。

●集団ごとの集計・分析を行う際の下限人数の10人は、在籍従業員数ではなく、実際の受検者数（有効なデータ数）でカウントするものとします。たとえば、対象とする集団に所属する従業員の数が10人以上であっても、その集団のうち実際にストレスチェックを受検した従業員の数が10人を下回っていた場合は、集団的な分析結果を事業者に提供してはいけません。こうした場合は、より上位の大きな集団単位で集計・分析を行うなどの工夫をしましょう。

仕事のストレス判定図の使用方法

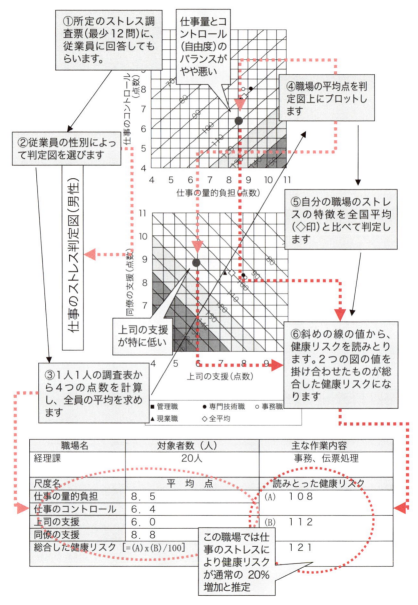

(「実施マニュアル」p89より)

Q19 集団ごとの分析はどのように職場環境の改善に活用できますか？

A19
●事業者は産業医と連携しつつ、集団ごとの集計・分析結果を、各職場における業務の改善、管理監督者向け研修の実施、衛生委員会における検討などに活用しましょう。

　ストレスチェックに基づく職場環境の改善取り組み手順として、「実施マニュアル」では次の5つのステップが示されています。これをPDCA（Plan⇒Do⇒Check⇒Act）で繰り返すことで継続的に実施します。

　ステップ1：職場環境等の改善のための体制づくり
　ステップ2：職場環境等の評価（集団分析結果が参考となります）
　ステップ3：職場環境等の改善計画の立案（Plan）
　ステップ4：対策の実施（Do）
　ステップ5：効果評価（Check）と計画の見直し（Act）

●集団分析結果を活用した職場環境改善のためのツールとして、厚生労働省から「職場改善のためのヒント集」（メンタルヘルスアクションリスト）[※]が公開されています。現場で実施できる対策がリストアップされています。

●また、従業員参加型の改善取り組みは有効な手段とされています。職場環境改善ワークショップを行う場合は、集団分析結果を踏まえ、従業員が主体的に職場環境等の改善計画を作成しましょう。進行役（ファシリテーター）の役割が重要となりますが、厚生労働省から「メンタルヘルスアクショントレーナーの手引き」[※]が公開されています。初めて実施する場合は、人事コンサルタント等の外部専門家にワークショップの設計やファシリテーションを依頼する方法もあります。ワークショップを実施する場合、「やりっぱなし」は禁物です。ワークショップで話し合った成果（職場環境の改善策）を実施し、その結果（効果）を振り返り、見直すことで、PDCAのサイクルが回ります。

※厚生労働省のホームページ（「こころの耳」）からダウンロードできます。

Q20 労働基準監督署にはどのように報告すべきですか？

A20 ●事業者は、1年以内ごとに1回、定期的に、心理的な負担の程度を把握するための検査結果等報告書（様式第6号の2）を所轄労働基準監督署長に提出しなければなりません。

　報告は規則に規定されているOCIR帳票の様式を使用することになっています。（⇒次頁参照）

　この報告書の様式は、厚労省HPに掲載されています。

http://www.mhlw.go.jp/stf/seisakunitsuite/bunya/koyou_roudou/roudoukijun/anzen/anzeneisei36/index.html

●検査実施年月の欄は、ストレスチェックを複数月にわたって行った場合には、施行の最終月を記載します。

●また、報告書の提出時期は、各事業場における事業年度の終了後など、事業場ごとに設定して差し支えないとされます。部署ごとに順次行うなど、年間を通じてストレスチェックを行っている事業場では、検査は1年間の受検者数を記入し、それに伴う面接指導を受けた者の数を報告します。

●労働基準監督署への報告書には、産業医の記名・押印欄があります。したがって、外部機関に委託した場合でも、事業場の産業医と連携をとる必要があります。

様式第6号の2（第52条の21関係）（表面）

心理的な負担の程度を把握するための検査結果等報告書

8 0 5 0 1	労働保険番号	都道府県　所掌　管轄　基幹番号　枝番号　被一括事業場番号	
対象年	7:平成→ ☐☐ 年分	検査実施年月	7:平成→ ☐☐年☐☐月
事業の種類		事業場の名称	
事業場の所在地	郵便番号（　　　）　　　　　　　　　　　電話（　　）		

		在籍労働者数	☐☐☐☐☐人
検査を実施した者	1:事業場選任の産業医 2:事業場所属の医師（1以外の医師に限る。）、保健師、看護師又は精神保健福祉士 3:外部委託先の医師、保健師、看護師又は精神保健福祉士	検査を受けた労働者数	☐☐☐☐☐人
面接指導を実施した医師	1:事業場選任の産業医 2:事業場所属の医師（1以外の医師に限る。） 3:外部委託先の医師	面接指導を受けた労働者数	☐☐☐☐☐人
集団ごとの分析の実施の有無	1:検査結果の集団ごとの分析を行った 2:検査結果の集団ごとの分析を行っていない		

折り曲げる場合は、（◀）の所を谷に折り曲げること

産業医	氏名　　　　　　　　　　　　　　　　　　　㊞
	所属医療機関の名称及び所在地

　　年　　月　　日
　　　　　　　　事業者職氏名　　　　　　　　　　　㊞
　　　　労働基準監督署長殿

（受付印）

労働基準監督署への報告書
「心理的な負担の程度を把握するための検査結果等報告書」（様式第6号の2）

13 企業タイプ別の導入モデル

まず、各社の状況(衛生委員会の設置、産業医の関与の有無)により、誰が「実施者」となるかを決めます。

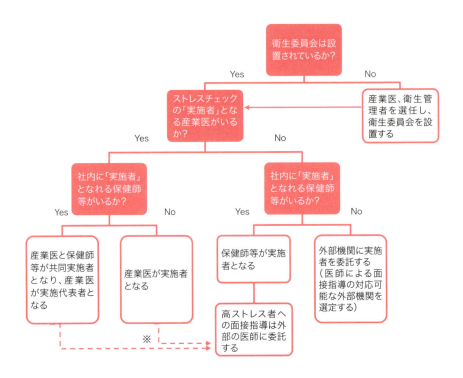

※嘱託産業医による面接指導が時間的に困難な場合等は、面接指導のみ外部委託を行うことも可能です。

■B社　窯業／従業員60名

産業医の選任や衛生委員会の設置が先決、まずストレスチェックが導入できる環境を整える

B社の状況

　B社は3代続く陶器の製造会社である。先代経営者から経営を引き継いだばかりの40代の現社長は、新しい感覚の陶器メーカーとして再生を目指している。常勤従業員が50名を超えており、衛生委員会の設置や産業医の選任が必要なことは先代社長も認識していたが、先送りになってきた。

　今般、顧問の社会保険労務士からストレスチェック制度の義務化の話を聞き、社長も前向きに取り組むことにした。ただし、なるべくシンプルに、経費を抑えて導入したい。

　従業員の半数は先代経営者の頃から勤めている50代以上の人たちで、パソコンなどのIT機器は不慣れである。専用パソコンを貸与されているのは事務室の数名のみである。社内コミュニケーションはいまでも紙ベースで行われている。

Step 0　ストレスチェック制度の導入に向けた環境整備

ストレスチェック制度の体制構築には衛生委員会での審議が必須なため、B社の場合は衛生委員会の設置が先決。

衛生委員会のメンバーには衛生管理者が必要だが、B社の場合は、衛生管理者の資格を有する人が退職したあと、そのままになっていた。そこで総務部員のNさんが資格を取得し、衛生管理者の任務を担当することになった。

地域の医師会に連絡して、その紹介により嘱託産業医を選任。産業医が月1回B社を訪問する日に衛生委員会を開催することになった。

Step 1　ストレスチェック制度の導入準備

B社では初年度は外部機関を使わず、なるべく経費を抑えて、以下のチームで対応することにする。

①ストレスチェック制度の担当者：総務部長Fさん
②実施者：嘱託産業医
③実施事務従事者：総務部員Nさん

F総務部長とNさんでストレスチェック制度に関する公的な講習会に参加し、国が無料公開する集計プログラムの利用方法等を習得する。

実施者や顧問の社会保険労務士の支援を受けて、衛生委員会でストレスチェック制度の実施方法等につき規程化する。

社長名で「お知らせ」を従業員に配布する。特に任意の受検であることとプライバシーの保護について事前に説明する。

Step 2　ストレスチェックの実施

F総務部長とNさんで質問票の用意・配布を行う。

質問票は国が無料で公開している「職業性ストレス簡易調査票（57項目）」をダウンロードし印刷する。質問票および実施の案内文（巻末資料③を参照）を封筒に入れて配布する。

従業員は2週間以内に回答し、記入済み質問票を封筒に入れて密封し、総務部に提出する。

Step 3　個人結果の通知、面接指導

質問票配布後2週間で回収を締め切り、Nさんが回収した質問票に基づいて、国が無料で公開している集計プログラムを利用して処理する。(この作業は、人事権のある総務部長は関与できない。したがって、結果も知ることができない)。

①記入済調査票に基づき、個人結果入力用シートに個人データを入力する
②個人別のストレスチェック結果を出力する
③受検者全員のストレスチェック結果を産業医に渡す

産業医は個人別データに基づき「医師による面接が必要な高ストレス者」を選定する。実施事務従事者(Nさん)は、実施者(産業医)の指示に従い、個人別結果通知シート(および面接対象者にその旨を記載した通知書)を封筒に封入して職場で配布する。その際、会社への結果開示に関する同意の可否についての書面も同封する。

面接指導の案内を受けた従業員(高ストレス者)が面接を希望する場合は、会社の窓口(Nさん)に連絡し、産業医の会社訪問日に面接を実施する。

面接結果は実施者である産業医が会社に報告する。就業上の措置が必要な場合は、ストレスチェック制度担当者のF部長と産業医で十分に相談し、本人の意向も勘案しながら決定する。

Step 4　集団分析、改善点の検討等

国の公開する集計プログラムを利用して、「簡易調査票用仕事のストレス判定図」を出力し、衛生委員会で今後の対応について審議することにした。

産業医の記名・押印を受け、労働基準監督署に報告書を提出する。

B社：ストレスチェック受検から面接指導までの流れ

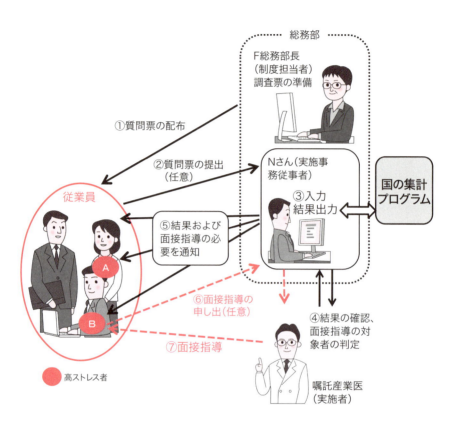

ここがポイント

　ストレスチェックの制度づくりには、衛生委員会での審議・検討が前提となります。衛生委員会が開催されていない場合、衛生委員会の構成有資格者がいない場合などは、まず衛生委員会を機能させることが先決です。

　総務部長Fさんは人事権を持つため、実施の事務には従事できません。人事権者がどの作業までやることが許容されているかについて、しっかり認識しておく必要があります。記入済み調査票の回収も「実施の事務」となりますが、封筒に封入されている等、内容を把握できない状態になっているものの回収作業は、人事権者もできることになっています。

　総務部員のNさんは、会社の組織上はF部長の指示命令に従うものの、ストレスチェック制度の実施事務担当者としては、あくまでも産業医の指示の下で業務を行います。ストレスチェックの個人結果を知り得る立場なので、プライバシーの守秘義務があり、罰則もあることを本人および受検する従業者に周知徹底する必要があります。

　高齢者の多い事業場や各自の専用パソコンがない事業場で実施する場合は、紙の質問票を使用することになります。記入済み質問票が実施者（産業医）とその補助者であるNさん（実施事務従事者）以外の目に触れないようにすること、回収用にはシール付の封筒を用意する、集計作業は独立した会議室で行う等の配慮が必要です。

　B社のようにはじめて産業医と嘱託契約を結ぶ場合、通常の産業医業務に加え、ストレスチェックの実施者となり、高ストレス者の面接指導を行えるか等を確認しましょう。特に面接指導は「通常の訪問時以外に実施する場合、1件にかかる費用」等も契約書に記載しておくとトラブルになりません。

■C社　デザイン制作会社／従業員120名

嘱託産業医と人事総務担当者の連携プレーで取り組む

C社の状況

　C社の社長は、今後の事業の健全な運営のためにメンタルヘルス対策の重要性を認識している。そこで、ストレスチェック導入を機に具体的に動き出そうとしている。従業員数は正社員80名、契約社員40名。

　衛生委員会は、月1回定期的に開催している。メンタルヘルス対策として、管理職向けのメンタルヘルス研修を実施している。

　衛生管理者は、「衛生管理資格（一種）」の有資格者である人事部長のHさんが担当している。部下の人事スタッフのKさんは、定期健康診断や長時間従業員への産業医面接の窓口業務を行っている。産業医（精神科医）は嘱託として毎月1回C社を訪問している。

　従業員は全員、専用パソコンを貸与されており、社内コミュニケーションはイントラネット上で行われている。

　常時、人員が不足気味で時間外労働をせざるを得ない状況。恒常的に長時間労働になる社員も数名いる。メンタル不調で休みがちの従業員はいるが、今まで休職に至ったケースはない。

Step 1　ストレスチェック制度の導入準備

　C社の社長は今後の事業の健全な運営のためにメンタルヘルス対策の重要性を認識している。ストレスチェック制度義務化に当たり、率先して導入を決め、ストレスチェック制度の担当者として人事部長のHさんを任命した。

　衛生委員会で審議・検討の上、嘱託産業医を実施者とし、人事スタッフのKさんが実施事務従事者として産業医を補助する体制で導入することにした。

　ストレスチェック制度担当のH人事部長は、国が例示している規程例を参考に、「ストレスチェック制度実施規程」(案)や社長メッセージ(案)、従業員案内文(案)を作成し、衛生委員会で内容を詰める。

　C社の事業年度始めである4月に、ストレスチェック制度の実施に関する社長メッセージをメールで全従業員に配信する。その際に実施要項を添付する。

Step 2　ストレスチェックの実施

　例年「定期健康診断」を実施している6月をC社独自に「健康増進月間」とし、ストレスチェックも実施する。

　質問票は国が推奨する「職業性ストレス簡易調査票(57項目)」を採用することとした。ストレスチェック検査自体はオンラインで受検が可能であり、各種の勧奨メール機能が充実している外部機関に委託し、委託先実施事務従事者として選任した。複数の外部機関から話を聴き、実施者(C社の嘱託産業医)に相談の上、決定した。

　従業員は定められた2週間以内に、各自のパソコンから所定の画面に入り、オンラインで受検できる。

　個人結果は即時に画面に表示され、各自が自分のストレスの程度を確認することができる。

　ストレスチェック実施から1週間後、全従業員向けに受検を促すメールを産業医から配信する。

Step 3　個人結果の通知、面接指導

2週間の受検期間終了後、嘱託産業医が個人別結果をイントラネット上で確認し、高ストレス者のデータを抽出し、確認する。

その後、産業医は個別データに基づき「医師による面接が必要な高ストレス者」を選定し、面接対象者にメールで案内する。同時に会社への結果開示に関する同意の可否について確認する。

産業医から案内を受けた従業員（高ストレス者）が面接を希望する場合は、通知メールに記載された受付窓口（人事スタッフKさん）にメールで申し込み、面接日時を決定する。

産業医の定期訪問時に高ストレス者への面接指導を行う。精神科・心療内科の通院が必要とみなされた場合は医療機関の紹介を行う。

面接結果を実施者である産業医が会社に報告し、就業上の措置が必要であれば社長に報告する。

Step 4　集団分析、改善点の検討等

外部機関のプログラムを利用して、部門ごとに集団分析結果を出力する。

集団分析結果は8月の定例衛生委員会で提示され、現状の問題点や今後の対策について討議する。

9月の全国労働衛生週間で、社長からストレスチェック制度の実施後の施策やセルフケアの重要性についてメールを配信し、今年度のストレスチェック制度の完了を伝える。

産業医の記名・押印を受け、労働基準監督署に報告書を提出する。

社内の産業保健スタッフ育成を進める（Kさんは産業カウンセラーの資格取得の講習に通うことになる）。

就業規則の内容を見直し、休職・復職の規程を整備する。

C社：ストレスチェック受検から面接指導までの流れ

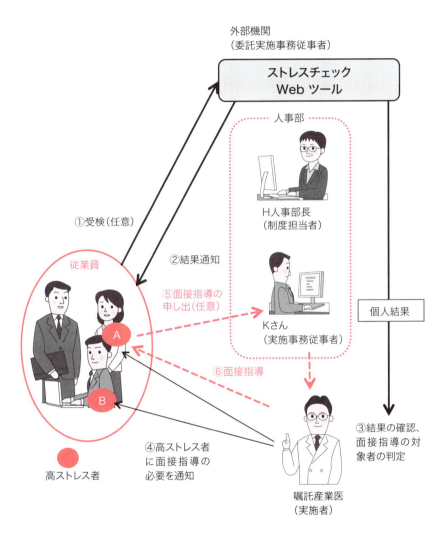

13 企業タイプ別の導入モデル 75

ここがポイント

　B社の場合と同様、人事部長のHさんは衛生管理者であり、社長特命を受けたストレスチェック制度の担当者ですが、人事権を持つため、実施事務従事者となることはできません。

　一方、人事スタッフのKさんは、会社の組織上はH部長の指示命令に従いますが、ストレスチェック制度の実施事務担当者としては、あくまでも産業医の指示の下で業務を行います。ストレスチェックの個人結果を知り得る立場なので、プライバシーの守秘義務があり、罰則もあることを本人および受検する従業員に周知徹底する必要があります。

　ストレスチェックの面接指導は、医師が意見書を提出するに当たって、就業上の措置や労働環境の調整を行う必要があることも念頭に置き、C社のように事業場の職場環境に精通している嘱託産業医が行うことが推奨されます。

　嘱託産業医による面接指導が時間的に困難な場合は、面接指導のみ外部に委託することもできます。外部の精神科医師に面接指導を委託する場合は、顧問契約とすることにより、社内のメンタルヘルス体制を継続的に充実させるのに役立ちます。

　この機会に、休職から復職までのプロセスを見直し、就業規則や規程を見直すことも重要です。

■D社　外資系金融会社／従業員300名

外部専門機関を活用して取り組む

D社の状況

　D社は東京に本社を置く米国系の外資系金融会社で大阪に支社がある。常に時間に追われて時間外労働も多い。

　本社従業員は260名(内、ローカル採用の外国人社員が10名)。大阪支社は40名で構成されている。

　衛生委員会は本社に設置されており、月1回定期的に開催している。大阪支社は50人未満ということもあり、衛生委員会は設置していない。ただし、東京本社の衛生委員会で決定した事項については、大阪支社も同様の措置を取っている。

　メンタルヘルス対策として外部機関を利用して従業員支援プログラム(EAP)として電話相談を行っている。

　会社は、メンタルヘルスの重要性を認識しており、ストレスチェックは所属する事業場規模にかかわらず、全員に実施する方針である。

Step 1　ストレスチェック制度の導入準備

　D社では、嘱託産業医が時間的に面接指導が難しいため、面接指導体制がしっかりしている外部機関を選定しなければならない。複数の外部機関に話を聴いたところ、電話相談で契約している外部EAP機関が専属医師が対応可能なため、委託契約することにする。

　　　ストレスチェック制度の担当者：人事マネージャーMさん
　実施代表者：EAP保健師（高ストレス者への面接指導はEAPの医師が行う）
　共同実施者：嘱託産業医（内科医）
　実施事務従事者：人事スタッフSさん（衛生管理者）

　嘱託産業医、Mさん、Sさんがメンバーである衛生委員会で、ストレスチェックの概要、外部EAP機関を招いて討議し、内容を詰め、社内規程を作成する。

　社長名でストレスチェックの趣旨・実施要領をメールにて配信。外国人社員向けに英語版も配信する。

Step 2　ストレスチェックの実施

　D社では、ストレスチェックは外部EAP機関の提供するWebツール（日英）を利用して、オンラインで実施する。質問内容は、国が推奨する「職業性ストレス簡易調査票(57項目)」と同じである。

　従業員は定められた2週間以内に、各自のパソコンから所定の画面に入り、オンラインで受検できる。

　個人結果は即時に画面に表示され、各自が自分のストレスの程度を確認することができる。

　1週間後、全従業員向けに受検を促すメールを外部EAP機関から配信する。

Step 3　個人結果の通知、面接指導

個人別結果の確認、高ストレス者の判定および医師による面接指導が必要な者への通知は外部EAP機関が実施する。

通知を受けた従業員（高ストレス者）が面接を希望する場合は、通知メールに記載の受付窓口（人事スタッフのSさん）にメールで申し込み、面接日時を決定する。

東京本社勤務者に対する面接指導は、外部EAP機関のカウンセリングルームにて実施。大阪支社勤務者については、EAP医師を支社へ派遣し支社の会議室にて実施する。

ストレスチェックおよび面接結果については、共同実施者であるD社の嘱託産業医と共有化の上、就業上の必要な措置等につき会社に報告する。

Step 4　集団分析、改善点の検討等

外部EAP機関が、国が公開している「フィードバックプログラム」と同様の集団分析を行う。

集団分析結果は衛生委員会で提示され、現状の問題点や今後の対策について討議する。

社外の人事コンサルタントをファシリテーターとして「職場・働き方の改善ワークショップ」を開催する。そこで出てきたアイデアをもとに人事マネージャーを中心にアクションプランを策定し、管理職と共有セッションを実施する。

社長から従業員に向けて、ストレスチェック制度の実施後の施策やヘルスケアの重要性やEAP制度について説明するメールを配信し、今年度のストレスチェック制度の完了を伝える。

D社の嘱託産業医の記名・押印を受け、労働基準監督署に報告書を提出する。

D社：ストレスチェック受検から面接指導までの流れ

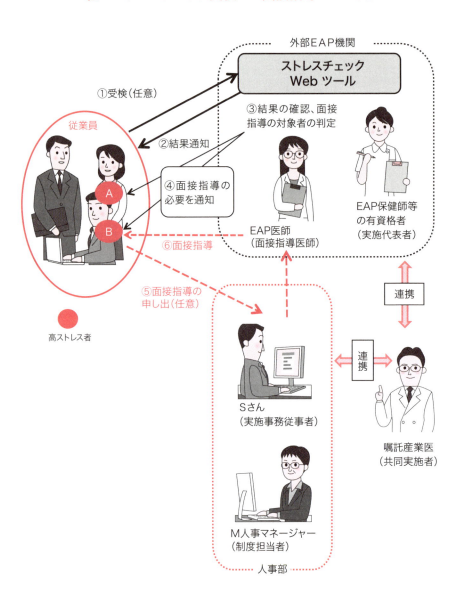

ここがポイント

　外部機関を活用する場合、ストレスチェック後のフォロー体制を見落としてしまうことがあります。高ストレス者への面接指導は医師にしかできないので、面接指導体制について誰がどこで実施するのか、支社や支店が地方にある場合の対応について、詳しく確認します。

　D社の場合は、外部機関が実施代表者となりました。その場合でも、衛生委員会に出席している嘱託産業医にも共同実施者になってもらいます。高ストレス者の判断基準や面接指導後の就業措置等について、D社の嘱託産業医としての知見を活かしてもらうことは重要です。

　D社のように、医師による面接指導を含めて外部機関に委託する場合でも、労働基準署への報告書には産業医の記名・押印が必要です。事業場の産業医と連携をとってくれる外部機関を選定することが大切です。

　D社のケースでは、面接指導はEAPの医師により直接対面で行いますが、Web面接（テレビ電話等の情報通信機器を用いて遠隔で実施する面接指導）を採用する外部機関の場合、厚生労働省が求める留意事項を満たしているかどうかを確認してください（Q14参照）。

　D社の場合は、社内の人事スタッフが実施事務従事者として面接の窓口となっています。実施事務従事者の業務を含めて外部機関に委託することもできますが、その場合でも受検者数の確認を行い、進捗管理を行うようにします。また、社内の実施事務従事者は、面接指導する医師に対し、面接を受ける従業員に関する労働時間等の勤務の状況等について情報を提供しなければなりません。

14 メンタルヘルス不調者が出たら
――失敗例にみる課題と対応方法

事例1　主治医の診断書だけで復職を認めた結果、職場復帰がうまくいかなかったケース

　25歳、女性、情報通信業。

　入社2年目の社員。数か月前から遅刻や早退が目立つようになった。業務時間内にトイレにこもる時間が増え、頻回の嘔吐や、時に過食も認められるようであった。

　その後、うつ病と診断されて休職に入った。休職中は本人から病状に関する報告はなく経過。会社からも連絡はとっていなかった。

　また、会社の復職支援プログラムは整備されておらず、本人に対して復職までの見通しや手順についての説明はなされていなかった。

　休職満了期間である6か月の直前に本人より復職希望あり。「うつ病は寛解したため、復職可能」という内容の病院の主治医の診断書を持参。

　産業医は選任していなかったため、産業医面接を経ずに主治医の診断書のとおりに復職となった。

　しかし、復職後3週間ほどで精神面の不調を訴えるようになり、会社を休みがちとなった。

ここがポイント

◆主治医の診断書のみで復職判断をしない

何が問題だったのか？

　主治医の診断書だけを判断材料として復職を認めてしまった結果、復職後の職場復帰がうまくいかなかったという典型的な失敗ケースです。

　主治医の診断書が出た時点で、産業医面接（できれば精神科）を一度経て、社内で検討をしてから復職を判断するという過程が抜け落ちてしまったことがいちばんの問題です。しかし、このケースを細かく見ると多くの要因が絡みあっていることがわかります。本人の「早く復職しなければ」という焦りや、患者の復職を積極的に支援しようとする担当医の好意、会社側の「主治医が認めているのであれば」という温情的な判断（ある意味では責任回避の姿勢）が逆に事態を悪化させてしまいました。

どうすればよかったのか？

　あらかじめ復職時のルールをきっちり作っておくことです。いったん不調者が発生してからになると、本人は「自分を復職させないようにしている」と受け取りがちです。あらかじめ就業規則などの社内規程に、復職には主治医だけでなく産業医の診断書・意見をもとに判断することを記載し、会社のルールとして求められる過程であることを本人に理解してもらうことができます。

【規程例】
　第○条（復職）
　私傷病休職の適用を受けた社員が復職するときは、医師の診断書を提出するものとする。費用は自己負担とする。この場合、会社は医師を指定することができる。

事例2　復職時のルールが曖昧なためトラブルとなったケース

　31歳、女性、サービス業。

　中途入社3年目の社員。職場の人間関係が負担となり、動悸や過呼吸等を訴えるようになった。そのため、心療内科を受診し、「適応障害」の診断で加療が開始された。

　その後、休職に入り自宅療養。休職満了期間は3か月であったが、満了直前に復職に至った。復職までに時間的な余裕がなかったため、社内制度としての試し出勤（職場復帰前に、職場復帰の判断等を目的として、試験的に一定期間継続して出勤する制度）も試みることができなかった。

　復職2週間後に再度過呼吸が頻繁となり、主治医より「不安障害」の診断書が発行され、再休職を勧められた。社内規程では「3か月以内の同一疾患による休職期間は通算する」と定められていたが、本人は同一疾患ではないことを主張。

　産業医が、本人の同意の上、主治医に病状の照会を行うが、同一疾患であるかどうかについては明確な返答が得られなかった。

　そのため、本人と数回の産業医面接を重ね、現在の症状や臨床経過から同一疾患と判断される旨の産業医意見書を作成した。

ここがポイント

◆再休職時の社内規程の整備を怠らない

何が問題だったのか？

　主治医の診断書の内容で足りない点などがあれば、主治医に情報提供をお願いすることが必要です。その場合、本人の同意を書面で取得することが大切です。今回のケースでは、休職期間の通算がなされるかどうかについて判断をするという、会社として重要な局面であったため、主治医に対し、本人の同意を得たのちに詳細な病状を求める情報提供依頼書を作成しました。産業医がこのステップを曖昧にしてしまうことで、病状の正確な評価が不十分となってしまうと、主に労務面における取り扱いに支障をきたしてしまうことが多いのです。

どうすればよかったのか？

　事例1と同様、あらかじめ復職時のルールを作っておくことが重要です。このケースでは、再休職時の休職期間の通算に関するルールを作っておくことがまず必要です。

　また主治医の診断書では情報量が少なく判断が難しいと思われた場合は、産業医から情報提供依頼書を作成してもらい、会社としても詳細な病状の回復の程度を把握するようにしましょう。

【規程例】

　第○条（再休職）

　復職後1年以内に同一または類似の傷病により休職する場合は、前後の休職期間を通算し、前回認められた期間を限度とする。

事例3　休職前の業務が遂行できるまで「治癒」していないのに主治医が復職を認めてしまったケース

　52歳、男性、製造業。

　勤続30年の管理職。5年前にうつ病による休職歴あり。その後、心療内科に定期通院していたが、2年前に終診となり、以後再発を認めることなく経過していた。

　4か月前に社内で強いめまいが出現し、救急搬送。脳梗塞（のうこうそく）の診断で入院加療を行った。入院時より、不眠、不安感を認め、うつ病が再発した。抗うつ薬を中心とした治療が再開され、退院後も継続して薬物加療を行った。

　主治医より「うつ病が改善したため復職可能」という診断書の発行があった。復職判定のため、産業医面接を行ったところ、不眠、不安感の改善は認めたが、「不注意が多く、家族に物忘れを指摘される」、「日中も眠気が強くて集中できない」ことを訴えた。

　そのため、復職し従前の業務を遂行することは難しいと判断され、薬物調整（変更や減量）、地域障害者職業センターが行うリワーク参加を助言した。

コラム

リワークとは？

うつ病などメンタルヘルス不調により休職している社員が、スムーズに職場復帰するため、適切な治療と十分な休養に加え、職場に戻るための準備やトレーニングを行うことです。

ここがポイント

◆寛解しても仕事ができるとは限らない

何が問題だったのか？

このケースのように、うつ病に加え身体疾患がある場合は、うつ病の病状改善の程度はより慎重に判断する必要があります。身体疾患自体を悩むことでうつ病が長引いているケースや、脳の病気の場合などは病気そのものがうつ状態を引き起こしていることもあります。また、うつ病の薬物療法による眠気や認知機能の低下が就業能力に影響を及ぼしている場合や、うつ病が良くなって間もない時期はすぐに前の就労に適応できないことが少なくありません。

どうすればよかったのか？

これは、うつ病が良くなった後も不注意、集中力の低下、眠気の自覚症状があったため復職を見合わせたケースです。うつ病の再発前に脳梗塞を発症しているため、脳梗塞の重症度や後遺症を評価し、就業能力に影響を及ぼしていないかを産業医が中心となり確認することが望ましいでしょう。

また、うつ病の薬物療法は抗うつ薬、睡眠薬等が中心となりますが、副作用として日中の時間帯に眠気を来たすことがあります。原因となる可能性のある処方薬がないか、もしあれば減量や中止が可能であるかの評価も産業医の役目です。そのうえでリワーク等による復職リハビリを行うことが理想的です。そして、復職は寛解ではなく「完全な労務の提供ができる状態が条件」であることを規程しておきます。

【規程例】

第○条（定義）

「治癒」とは、復職前の業務を、従前の量・質において遂行できる程度に回復することをいう。

事例4　復職時に本人が希望する配置転換を安易に認めてしまったケース

　35歳、男性、情報通信業。

　中途入社3年目の社員。営業部に配属され、慢性的に過重労働が継続していた。入社1年後から、月に数日の「感冒」や「腰痛」による欠勤が継続的に認められるようになった。

　その後、心療内科から「適応障害」の診断書が発行され、休職に入った。休職前の産業医面接で、「所属上長のパワハラが原因で不調になった」という本人の訴えあり。

　復職時、本人は部署異動を希望。人事部によりパワハラの事実関係を調査したが、明確なエピソードは認められなかった。

　本人の希望が強く、復職判定委員会等で協議を重ねたうえ、最終的に内勤業務へと部署異動を決定した。

　また、正式な復職前に、社内制度としての「通勤訓練」を利用し、継続的な通勤ができることも確認した。

　しかし、正式な復職後3か月頃より、職場内の雰囲気が「張りつめている」ため気が休まらないという訴えが強くなり、不調を訴えたが、再休職に至った。

ここがポイント

◆復職時の配置転換は原則として行わない

何が問題だったのか？

　本人の希望どおり部署の異動を行いましたが、結果として再休職に至ってしまったケースです。原則として、復職時の部署の異動は行いません。理由としては、本人にとってはより良い環境と思われる部署であっても新しい環境（仕事内容や人間関係）となり再発のきっかけとなり得ること、部署の受け入れ態勢が整っていないことが多いため、結果として、良い経過にならないことが多いからです。

どうすればよかったのか？

　慢性的な過重労働が持続していたこと、身体的な不定愁訴により月に数日の欠勤を長期間行っていたことなどから、より早期に産業医面接等でメンタルヘルス不調に気が付くことができた可能性があります。

　また、本人が適応障害をきたした要因の評価も大切です。パーソナリティの偏りや対人コミュニケーションの障害が原因であることも少なくありません。可能であれば、精神科を専門とする産業医から詳細な評価が得られるとよいでしょう。

　いずれにせよ、復職時の部署異動は安易に行うべきではなく、パワハラやセクハラ、業務に明らかに適性がない等の理由に限られます。

事例5　自己判断での治療中断と仕事上のストレスで、生活習慣病を悪化させてしまったケース

　60歳、男性、サービス業。

　勤続28年。定期健康診断で、血圧164/112、空腹時血糖220、HbA1c8.5%、高脂血症、肥満（BMI32）を指摘された。社内の保健師による保健指導を受けるとともに、病院受診をすすめられたため、内科クリニックを受診した。しかし、受診数か月後から定期通院は行っておらず、内服もしていなかった。翌年の健康診断でも数値の改善は見られず、産業医面接となった。産業医がストレスの状況についても問診したところ、数年前からIT化に伴い業務手順が変化し日常業務への負担感が強くなっているようであった。また、中途覚醒があるため酒量が増加し寝酒が習慣化しているとのことであった。

　今回の健診結果については、生活習慣病の治療を要するため内科クリニックへの受診をすすめるとともに、不眠については断酒と心療内科への通院を指示した。

　以後、定期的に産業医面接を行い、不眠は断酒と睡眠薬の内服で改善傾向となった。

ここがポイント

◆健診のフォローを怠ってはいけない

何が問題だったのか？

　このケースでは、本人が生活習慣病に対する通院や治療を自己中断してしまったことが問題でした。また、不眠について寝酒で対処するなど正しい知識を持っていませんでした。ふだんからの産業医をはじめとする産業保健スタッフによる啓蒙や教育が不十分であったかもしれません。

どうすればよかったのか？

　健康診断後の産業医面接で、高ストレスと不眠が確認されました。せっかくの面接機会ですから問題となる生活習慣病の指導のみで終わらせることのないようにしたいものです。

　からだの病気である生活習慣病と抑うつ気分、不眠などの精神面の症状は相互に関連しあっていることがわかっています。そのため、メンタルヘルス不調が背景にないかどうかも含めて面接することが必要です。

　大規模な企業でないかぎり、選任されている産業医は1人だけです。そのため、産業医には専門とする診療科によらず幅広く健康状態を評価できる能力が求められます。また、産業医面接は定期健診の結果が届き次第速やかに行うことも大切です。あまり期間が空いてしまうと、その間に病状が悪化する可能性があるためです。

事例6　メンタルヘルス不調の原因である疾患を正しく評価できなかったケース

　23歳、男性、製造業。

　新入社員として入社後から、仕事上のアポイントメントを忘れてしまう、先輩に深夜に突然質問の電話をする、取引先に自社の不満を語ってしまう、などの言動が問題となった。

　上長が本人を質すとその場では了解するが、言動は改善されなかった。そのため、上長や同僚から叱責を受けるようになり、職場内での孤立感が強くなった。

　その後、無断欠勤を認めることが多くなり、不調が継続していたため、上長からの依頼で内科を専門とする専属産業医による面接となった。その結果として、うつ病と考えられ、心療内科受診が促された。

　しかし、心療内科への受診では典型的なうつ病は否定され、広汎性発達障害による二次性のうつ状態であると指摘された。

　上長が、本人の了解の上で受診に同伴し、主治医より職場内での本人への対応方法や、適性のある業務等について尋ねる機会も得られた。具体的には、担務内容を変更するとともに、本人の同意のもと、同僚たちへも今回の経緯を説明し理解を得た。

　結果として、1か月の短期間の休職で復職が可能となり、以後も経過は良好であった。

ここがポイント

◆不調の原因である本質的な疾患を把握する

何が問題だったのか?

　入社後から職場でのコミュニケーションがうまくいかず、結果として問題視されるような言動が目立っていました。この時点で注目し、産業医面接につなげることができればより早期の対応ができたケースです。また、うつ病や不眠症などの病気は、社会的にも啓蒙が進みつつありますが、今回のケースのような広汎性発達障害などの障害は、職場のメンタルヘルスにおいては、十分知られていません。

どうすればよかったのか?

　まずは、管理監督者へのメンタルヘルス不調に関する啓蒙が重要です。職場のメンタルヘルス不調では、うつ状態は最も多く見受けられる症状ですが、典型的なうつ病以外にも多くの疾患でうつ状態が引き起こされます。

　たとえば、今回のケースのように広汎性発達障害が本質的な問題である場合や、アルコール依存、パーソナリティ障害、摂食障害、統合失調症などでもうつ状態は起こりうることを管理監督者は知っておくべきでしょう。

　また、特に大規模な会社では、内科を専門とする専属の産業医はもちろんですが、精神科を専門とする産業医を嘱託で選任しておくことが勧められます。精神科産業医の配属は、社員のメンタルヘルス不調対策で最初に行うべきことのひとつです。

15 メンタルヘルスに強い組織づくりに向けて
――先進グローバル企業のセルフケアサポート

　欧米では、独自性のある健康増進策を企業戦略に明確に組み込むことを、他社との差別化に活用している企業が増えています。これは「従業員のエンゲージメント(愛着心)の高い企業は業績も高く、従業員の健康を重んじる企業の従業員はエンゲージメントが高い」という考え方に立脚しています。

　そこで最後に、僭越ながらグローバル展開している欧米企業の例として、著者(中島)が勤務するタワーズワトソン社(以下、TW社)が実際に導入している「ウェルビーイング施策」をご紹介しましょう。このプログラムでは、「メンタルヘルス」として心的側面だけにスポットライトを当てるのではなく、からだとこころを一体ととらえ、「ウェルビーイング(Well-Being)」ということばで表しています。

①グローバルに「攻めのメンタルヘルス」研修を実施

　TW社ではグローバル共通のウェルビーイング施策を14か国で展開しています。このプログラムは、①ストレス、②睡眠、③栄養、④運動の4つのアプローチから、社員のウェルビーイングを健全に保つセルフケアをサポートするように工夫されています。

　a　ストレスアプローチで代表的なプログラムが「レジリエンス研修」です。レジリエンスとは、「精神的回復力」「抵抗力」「復元力」「耐久力」などと訳される心理学用語で、困難に負けない折れない心を作るプログラムです。TW社では、公私にかかわらず自らが抱える困難に打ち勝つストレス耐性を従業員が持てるようなトレーニングを6か国語(日本では日英)で定期的に行っています。この取り組みは「ストレスに弱い人」向けのものではなく、新入社員から上級管理職まで必須の研修です。

　ストレスアプローチでは、ストレスとは悪いものだという意識につながらないように注意しなければなりません。過剰なストレスが問題なのであって、適度なストレスは個人の成長につながり、生産性も向上させるよい効果があるという点にも目

を向けてもらいます。

　本書の主題であるストレスチェック制度も、自身のストレス状態を確認して対策につなげるという予防の観点だけならストレスアプローチのひとつですが、TW社のプログラムはそこから一歩進んで、「打たれ強いこころ」を醸成する、すなわち「攻めのメンタルヘルス」といえるかもしれません。

　TW社のウェルビーイング施策は、その他にも以下のようなラインアップで構成されています。

　b　睡眠アプローチでは、Good Sleep Seminarとして良眠を得るコツやその効果について学ぶ機会を提供したり、社内のイントラネット上のライブラリーで睡眠に関係するコンテンツをDVD、本、CDといった形で豊富に用意し常に情報提供しています。CDでリラクゼーション音楽を提供することも睡眠アプローチの有効な手段のひとつとされています。

　c　栄養アプローチでは、様々な栄養に関する情報提供に加えて、健康増進の一環として、社員交流イベントのひとつとして活用しているものもあります。たとえば、月に1回、衛生委員会で選定した「健康的なお弁当」を部門を超えた社員グループで一緒に食べる「ヘルシーランチ」、毎週、季節の果物を社員に無料で提供する「フルーツデイ」などです。

d　運動アプローチにおいても、健康増進の効果も高いフットサルやバスケットボールなどのクラブ活動支援をはじめ、部署対抗のスポーツイベントを開催したり、企業対抗のスポーツイベントに参加したりしています。それによって、ふだん接点のない部署の人とも交流ができたり、上司部下の関係やイベントに参加する家族との関係がよくなるという効果があります。

②健康に特化したポータルサイトを活用して、各人ごとにカスタマイズ

　TW社のウェルビーイング施策には様々なプログラムが組み込まれていますが、それをバラバラに提供するのではなく、効率的に従業員に届け、従業員にプログラムへの参加を促すために、イントラネット上でヘルスポータルサイトを提供しています。

　イントラネット上のプログラムに従業員本人が自身の健康状態や生活習慣について情報を入力すれば、その従業員に適した情報を自動的に探し出してきて、それを個人のマイページ画面に表示する機能を搭載しています。

　さらには、運動活動や睡眠状況の管理を同時にできるように開発されており、健康維持・改善・管理機能としても活用することができます。様々な「楽しむ仕掛け」も組み込まれています。たとえば、社内で「万里の長城競争レース」と銘打って、ヘルスポータルサイト内で仮想競争レースを催すことができます。万里の長城を毎日少しずつ走ると仮想し、今現在、万里の長城のどのあたりまで走ったか、他の社員がどこまで走っているかを目で見て確認し、社内で各国の社員が参加して仮想競争レースができるように工夫されています。

③からだとこころを統合してチェックするアセスメントツール

　TW社のヘルスポータルサイトでは、従業員がいつでも利用できるウェルネスアセスメントツールが搭載されています。

　アセスメントはいつでも本人が受検したいときに受けられます。アセスメントを受ける場合、従業員はWeb上のアセスメントツールに必要な自分のデータ（現在の健康状態、病歴、生活習慣、直近の健康診断による各種数値等）を入力します。

　必要データを入力すると「ウェルネスアセスメント結果レポート」が自動的に画面に表示されます。体重、食生活（朝食、野菜摂取など）、運動、ストレスレベル等の15のカテゴリーごとに健康リスクの度合い（高・中・低）が表示され、要注意点や改善点についてわかるようになっています。

　また、各人ごとに必要な健康情報も提供されます。たとえば、喫煙している従業員に対しては、研究結果を用いて、何歳で喫煙を止めればどれくらい寿命が延びるかも示しながら、禁煙を促す情報を提供します。単に一方的な警告だけでなく、さまざまな情報提供を通して、本人が改善策に心から納得して自発的な行動をとることが最も効果的だからです。

　ここで大事な点は、一度入力して終わりではなく、常に自分の健康状態に気を配り、入力情報を適宜アップデートし、アセスメント結果がよくなるよう、セルフケアを継続してもらうことです。そうすることで、従業員各自の健康状態が向上し、会社全体の生産性向上につながっていくのです。

④ウェルネス施策の効果を見える化

　TW社のヘルスポータルサイトは会社の管理ツールとしての機能もあります。ストレスチェック制度の集団分析のように、企業の従業員全体または一定の集団ごとのアセスメント結果を分析することで、どれくらいの従業員が生活習慣病リスクを抱えているか、健康状態をよくするために運動に励んでいるか、といった情報がリアルタイムで確認できます。その結果、従業員の健康をよくするために導入したウェルネス施策を通して、従業員の健康がどの程度改善されたかも「見える化」できるのです。

⑤社員の健康はビジネスの成功を約束する

　欧米企業の健康増進策への熱心な取り組みは医療費抑制策という面だけで捉えられがちですが、「健康な社員がビジネスの成功を導く」という考え方が一般的になりつつあることも大きな理由のひとつです。

　本章でご紹介したウェルビーイング施策は、「健康でストレスフリーな従業員は精力的に働き、積極的に仕事にエンゲージメントする労働力となり、高い生産性、利益を生み出す人材である」という認識に基づいているのです。

あとがき

　産業医の業務は多岐にわたりますが、中でもメンタルヘルス対策は近年のもっとも重要な業務のひとつとなっています。実際、日常的な産業医面接の大半がメンタルヘルス不調の事案です。

　職場のメンタルヘルス不調に対する対応は、各企業で千差万別です。一次予防の大切さを認識し取り組んでいる先進的な企業もあれば、メンタルヘルス不調は気の持ちようで何とかなるという企業風土に左右されている企業もあります。

　メンタルヘルス対策を推進する活動を行っても、実際には社内に培われてきた悪しき慣習には変化が生じにくいことが少なくありません。これはちょうど生活習慣病の患者さんが行動変容を引き起こすことが難しいことに似ているかもしれません。

　法制化されたストレスチェック制度は、企業の行動変容につながるきっかけになるのではないかと期待しています。生活習慣病が進行し、致命的な病気を引き起こす前に、今こそ経営トップや会社の責任部門をはじめ、産業医や産業保健スタッフが各企業の置かれた状況を客観的に評価し、適切な働きかけを行う時期だと思います。

　また、著者(中島)は12年前に乳がんを罹患し会社を休職したことがありますが、仕事のストレスをうまくコントロールできなかったことも一因だったように感じています。現在は人事コンサルタントとしての仕事のかたわら、がんの患者向けのワークショップのファシリテーションに関わっていますが、職場の人間関係や仕事のストレスを理由に職場復帰を躊躇している方々に出会うことが少なくありません。

　今までの企業の福利厚生制度の健康関連メニューでは、人間ドックや健診、実際に病気になった場合の有給休暇や所得補償が中心でした。今後はさらに一歩進んで、従業員のからだとこころの健康維持・増進のためのサポートが、企業の福利厚生の中心課題となるのではないでしょうか。

　今回のストレスチェック制度については、制度自体について賛否両論があること

も事実です。「科学的な根拠が乏しいのではないか」、「セルフケアにどれほど有効であるのか」等の意見です。

　本書では、ストレスチェック制度の「三本柱」として、①ストレスチェックの実施、②医師による面接指導、③集団分析を示しました。この内、②の「医師による面接指導」が制度に組み込まれた点が、本制度を非常に有効なものとしていると考えています。面接指導は、制度の本来の目的であるセルフケアではありませんが、何らかの不調を訴える社員に産業医が関与できる貴重な機会となるものです。

　また、医師による面接指導や集団分析の結果をどう職場環境の改善につなげるかも重要です。従業員のセルフケアだけでは解決できない問題も少なくありません。業績を重視する人事制度は適正な評価制度があってこそ機能します。職務等級を導入しても、実際には年功的な運用をすれば社員の不満は高まります。職場環境の改善やヘルシーな報酬・福利厚生制度があってこそ、社員のメンタルヘルスは担保され、ひいては社員のエンゲージメントが向上するといっても過言ではありません。

　ストレスチェックを導入するに当たって、ぜひとも、ストレス「チェック」のみで終わることのないようにしていただきたいと思います。医師による面接指導から集団分析まで余すところなく有効活用し、企業風土の改革、就業環境の改善を目指すという姿勢が、企業の行動変容の第一歩になることでしょう。

　なお、本書82〜93ページの事例については匿名性の保持に配慮しています。
　　2015年12月10日

中島明子・長谷川崇

巻末資料①

外部機関にストレスチェック及び面接指導の実施を委託する場合のチェックリスト例
（委託する内容に応じて関連する部分を利用すること）

ストレスチェック制度についての理解
- ☑ ストレスチェックの目的が主に一次予防にあること、実施者やその他の実施事務従事者に対して、労働安全衛生法第104条に基づく守秘義務が課されること、本人の同意なくストレスチェック結果を事業者に提供することが禁止されていること等を委託先が理解しているか。
- ☑ 実施者やその他の実施事務従事者となる者に対して、研修を受けさせる等により、これらの制度の仕組みや個人情報保護の重要性について周知し、理解させているか。
- ☑ 外部機関と当該事業場の産業医等が密接に連携することが望ましいことを理解しているか。

実施体制
- ☑ 受託業務全体を管理するための体制が整備されているか（全体の管理責任者が明確になっているか）。
- ☑ 受託業務を適切に実施できる人数の下記の者が確保され、かつ明示されているか。また、下記の者がストレスチェック制度に関する十分な知識を有しているか。
    - 〇ストレスチェックの実施者として必要な資格を有する者
    - 〇ストレスチェック結果に基づいて面接指導を行う産業医資格を有する医師
    - 〇実施者や医師の指示に基づいてストレスチェックや面接指導の実施の補助業務を行う実施事務従事者
- ☑ 実施事務従事者の担当する業務の範囲は必要な範囲に限定され、また明

確になっているか。
☑ストレスチェックや面接指導に関して、労働者からの問い合わせに適切に対応できる体制が整備されているか。
☑実施者やその他の実施事務従事者が、必要に応じて委託元の産業保健スタッフと綿密に連絡調整を行う体制が取られているか。

ストレスチェックの調査票・評価方法及び実施方法
☑ストレスチェックに用いる調査票の選定、評価方法及び高ストレス者の選定基準の決定についての提案等を明示された実施者が行うこととなっているか。
(調査票)
☑提案されるストレスチェックに用いる調査票は法令の要件(ストレス要因、心身のストレス反応及び周囲のサポートの３領域を含むものか等)を満たすか。
☑国が示す標準的な57項目の調査票又は23項目の簡易版以外の調査票を用いる場合は、科学的な根拠が示されているか。
(評価方法)
☑提案されるストレスチェック結果の評価方法及び高ストレス者の選定方法・基準は法令の要件を満たすか。
☑提案されるストレスチェック結果の評価方法及び高ストレス者の選定方法・基準は分かりやすく労働者に開示されるか。
(実施方法)
☑調査票の記入・入力、記入・入力の終わった調査票の回収等が、実施者やその他の実施事務従事者及び労働者本人以外の第三者に見られないような状態で行える方法が取られるか。ICTを用いて行う場合は、実施者及び労働者本人以外の第三者に見られないようなパスワード管理、不正アクセス等を防止するセキュリティ管理が適切に行われるか。
☑実施者が受検者全員のストレスチェック結果を確認し、面接指導の要否を判断する体制が取られるか。
☑高ストレス者の選定に当たり、調査票に加えて補足的に面談を行う場合、当

該面談を行う者は、医師、保健師等の適切な国家資格保有者であるか、又は臨床心理士、産業カウンセラー等の心理専門職となるか。また、当該面談は実施者の指示の下に実施する体制が取られるか。

☑労働者の受検の状況を適切に把握し、事業者からの求めに応じて、受検状況に関する情報を提供できる体制が取られるか。

☑集団ごとの集計・分析を行い、わかりやすく結果を示すことができるか。その際、集団ごとの集計・分析の単位は、回答者10人以上となるか。

ストレスチェック実施後の対応

☑ストレスチェック結果の通知は、実施者やその他の実施事務従事者及び労働者本人以外の第三者に知られることのない形で、直接本人にされる方法がとられるか。

☑本人に通知する内容は、①ストレスの特徴や傾向を数値、図表等で示したもの、②高ストレスの該当の有無、③面接指導の要否など、法令に定められた内容を網羅するものとなるか。

☑面接指導が必要な労働者に対して、実施者やその他の実施事務従事者及び労働者本人以外の第三者に分からないような適切な方法で面接指導の申出を促す体制がとられるか。

☑ストレスチェックの結果、緊急に対応が必要な労働者がいる場合に、委託元の産業保健スタッフを通じた事業者との連絡調整を含め、適切に対応できる体制が取られるか。

☑ストレスチェックの結果を事業者に通知することについての同意の取得方法について、法令に則った方法になるか（事前や実施時に同意を取得するような不適切な方法が取られないか）。

☑実施者又はその他の実施事務従事者が結果の記録を5年間保存するための具体的な方法が明示され、そのために必要な施設、設備が整備され、実施者及び労働者本人以外の第三者が結果を閲覧できないような十分なセキュリティが確保されるか。

面接指導の実施方法
- ☑ 面接指導を実施場所はプライバシー保護や労働者の利便性の観点から適切か。
- ☑ 面接指導を実施するに当たり、事業者から対象となる労働者の労働時間、労働密度、深夜業の回数及び時間数、作業態様、作業負荷の状況等の勤務の状況や職場環境等に関する情報を事業者から入手し、適切に取扱う体制となっているか。

面接指導実施後の対応
- ☑ 面接指導の結果を事業者に通知するに当たり、就業上の措置を実施するため必要最小限の情報に限定し、診断名、検査値、具体的な愁訴の内容等の生データが提供されることがないような方法が取られるか。
- ☑ 面接指導の結果、緊急に対応が必要な労働者がいる場合に、委託元の産業保健スタッフを通じた事業者との連絡調整を含め、適切に対応できる体制が取られるか。

(厚生労働省「外部機関にストレスチェック及び面接指導の実施を委託する場合のチェックリスト例」PDFより)

巻末資料 ②

ストレスチェック制度実施規程（例）

(注)この規程(例)は、事業場がストレスチェック制度に関する社内規程を作成する際に参考としていただくために、あくまでも一例としてお示しするものです。それぞれの事業場で本規程(例)を参考に、実際に規程を作成する際には、社内でよく検討し、必要に応じて加除修正するなどし、事業場の実態に合った規程を作成していただくようお願いします。

第1章　総則
（規程の目的・変更手続き・周知）
第1条　この規程は、労働安全衛生法第66条の10の規定に基づくストレスチェック制度を株式会社＿＿＿＿＿＿＿において実施するに当たり、その実施方法等を定めるものである。

2　ストレスチェック制度の実施方法等については、この規程に定めるほか、労働安全衛生法その他の法令の定めによる。

3　会社がこの規程を変更する場合は、衛生委員会において調査審議を行い、その結果に基づいて変更を行う。

4　会社は規程の写しを社員に配布又は社内掲示板に掲載することにより、適用対象となる全ての社員に規程を周知する。

（適用範囲）
第2条　この規程は、次に掲げる株式会社＿＿＿＿＿＿＿の全社員及び派遣社員に適用する。
　一　期間の定めのない労働契約により雇用されている正社員
　二　期間を定めて雇用されている契約社員
　三　パート・アルバイト社員
　四　人材派遣会社から株式会社＿＿＿＿＿＿＿に派遣されている派遣社員

（制度の趣旨等の周知）
第3条　会社は、社内掲示板に次の内容を掲示するほか、本規程を社員に配

布又は社内掲示板に掲載することにより、ストレスチェック制度の趣旨等を社員に周知する。

一　ストレスチェック制度は、社員自身のストレスへの気付き及びその対処の支援並びに職場環境の改善を通じて、メンタルヘルス不調となることを未然に防止する一次予防を目的としており、メンタルヘルス不調者の発見を一義的な目的とはしないものであること。

二　社員がストレスチェックを受ける義務まではないが、専門医療機関に通院中などの特別な事情がない限り、全ての社員が受けることが望ましいこと。

三　ストレスチェック制度では、ストレスチェックの結果は直接本人に通知され、本人の同意なく会社が結果を入手するようなことはないこと。したがって、ストレスチェックを受けるときは、正直に回答することが重要であること。

四　本人が面接指導を申し出た場合や、ストレスチェックの結果の会社への提供に同意した場合に、会社が入手した結果は、本人の健康管理の目的のために使用し、それ以外の目的に利用することはないこと。

第2章　ストレスチェック制度の実施体制

(ストレスチェック制度担当者)

第4条　ストレスチェック制度の実施計画の策定及び計画に基づく実施の管理等の実務を担当するストレスチェック制度担当者は、＿＿＿＿課職員とする。

2　ストレスチェック制度担当者の氏名は、別途、社内掲示板に掲載する等の方法により、社員に周知する。また、人事異動等により担当者の変更があった場合には、その都度、同様の方法により社員に周知する。第5条のストレスチェックの実施者、第6条のストレスチェックの実施事務従事者、第7条の面接指導の実施者についても、同様の扱いとする。

(ストレスチェックの実施者)

第5条　ストレスチェックの実施者は、会社の産業医及び保健師の2名とし、

産業医を実施代表者、保健師を共同実施者とする。
（ストレスチェックの実施事務従事者）
第６条　実施者の指示のもと、ストレスチェックの実施事務従事者として、衛生管理者及び_____課職員に、ストレスチェックの実施日程の調整・連絡、調査票の配布、回収、データ入力等の各種事務処理を担当させる。
２　衛生管理者又は_____課の職員であっても、社員の人事に関して権限を有する者（課長、調査役、_____）は、これらのストレスチェックに関する個人情報を取り扱う業務に従事しない。
（面接指導の実施者）
第７条　ストレスチェックの結果に基づく面接指導は、会社の産業医が実施する。

第３章　ストレスチェック制度の実施方法
第１節　ストレスチェック
（実施時期）
第８条　ストレスチェックは、毎年____月から____月の間のいずれかの１週間の期間を部署ごとに設定し、実施する。
（対象者）
第９条　ストレスチェックは、派遣社員も含む全ての社員を対象に実施する。ただし、派遣社員のストレスチェック結果は、集団ごとの集計・分析の目的のみに使用する。
２　ストレスチェック実施期間中に、出張等の業務上の都合によりストレスチェックを受けることができなかった社員に対しては、別途期間を設定して、ストレスチェックを実施する。
３ストレスチェック実施期間に休職していた社員のうち、休職期間が１月以上の社員については、ストレスチェックの対象外とする。
（受検の方法等）
第10条　社員は、専門医療機関に通院中などの特別な事情がない限り、会社が設定した期間中にストレスチェックを受けるよう努めなければならない。

2　ストレスチェックは、社員の健康管理を適切に行い、メンタルヘルス不調を予防する目的で行うものであることから、ストレスチェックにおいて社員は自身のストレスの状況をありのままに回答すること。

3　会社は、なるべく全ての社員がストレスチェックを受けるよう、実施期間の開始日後に社員の受検の状況を把握し、受けていない社員に対して、実施事務従事者又は各職場の管理者(部門長など)を通じて受検の勧奨を行う。

(調査票及び方法)

第11条　ストレスチェックは、別紙1の調査票(職業性ストレス簡易調査票)を用いて行う。

2　ストレスチェックは、社内LANを用いて、オンラインで行う。ただし、社内LANが利用できない場合は、紙媒体で行う。

(ストレスの程度の評価方法・高ストレス者の選定方法)

第12条　ストレスチェックの個人結果の評価は、「労働安全衛生法に基づくストレスチェック制度実施マニュアル」(平成27年5月厚生労働省労働基準局安全衛生部労働衛生課産業保健支援室)(以下「マニュアル」という。)に示されている素点換算表を用いて換算し、その結果をレーダーチャートに示すことにより行う。

2　高ストレス者の選定は、マニュアルに示されている「評価基準の例(その1)」に準拠し、以下のいずれかを満たす者を高ストレス者とする。

①　「心身のストレス反応」(29項目)の合計点数が77点以上である者

②　「仕事のストレス要因」(17項目)及び「周囲のサポート」(9項目)を合算した合計点数が76点以上であって、かつ「心身のストレス反応」(29項目)の合計点数が63点以上の者

(ストレスチェック結果の通知方法)

第13条　ストレスチェックの個人結果の通知は、実施者の指示により、実施事務従事者が、実施者名で、各社員に電子メールで行う。ただし、電子メールが利用できない場合は、封筒に封入し、紙媒体で配布する。

(セルフケア)

第14条　社員は、ストレスチェックの結果及び結果に記載された実施者によ

る助言・指導に基づいて、適切にストレスを軽減するためのセルフケアを行うように努めなければならない。

(会社への結果提供に関する同意の取得方法)
第15条　ストレスチェックの結果を電子メール又は封筒により各社員に通知する際に、結果を会社に提供することについて同意するかどうかの意思確認を行う。会社への結果提供に同意する場合は、社員は結果通知の電子メールに添付又は封筒に同封された別紙2の同意書に入力又は記入し、発信者あてに送付しなければならない。

2　同意書により、会社への結果通知に同意した社員については、実施者の指示により、実施事務従事者が、会社の人事労務部門に、社員に通知された結果の写しを提供する。

(ストレスチェックを受けるのに要する時間の賃金の取扱い)
第16条　ストレスチェックを受けるのに要する時間は、業務時間として取り扱う。

2　社員は、業務時間中にストレスチェックを受けるものとし、管理者は、社員が業務時間中にストレスチェックを受けることができるよう配慮しなければならない。

第2節　医師による面接指導

(面接指導の申出の方法)
第17条　ストレスチェックの結果、医師の面接指導を受ける必要があると判定された社員が、医師の面接指導を希望する場合は、結果通知の電子メールに添付又は封筒に同封された別紙3の面接指導申出書に入力又は記入し、結果通知の電子メール又は封筒を受け取ってから30日以内に、発信者あてに送付しなければならない。

2　医師の面接指導を受ける必要があると判定された社員から、結果通知後＿＿日以内に面接指導申出書の提出がなされない場合は、実施者の指示により、実施事務従事者が、実施者名で、該当する社員に電子メール又は電話により、申出の勧奨を行う。また、結果通知から30日を経過する前日(当該

日が休業日である場合は、それ以前の最後の営業日）に、実施者の指示により、実施事務従事者が、実施者名で、該当する社員に電子メール又は電話により、申出に関する最終的な意思確認を行う。なお、実施事務従事者は、電話で該当する社員に申出の勧奨又は最終的な意思確認を行う場合は、第三者にその社員が面接指導の対象者であることが知られることがないよう配慮しなければならない。

（面接指導の実施方法）
第18条　面接指導の実施日時及び場所は、面接指導を実施する産業医の指示により、実施事務従事者が、該当する社員及び管理者に電子メール又は電話により通知する。面接指導の実施日時は、面接指導申出書が提出されてから、30日以内に設定する。なお、実施事務従事者は、電話で該当する社員に実施日時及び場所を通知する場合は、第三者にその社員が面接指導の対象者であることが知られることがないよう配慮しなければならない。

2　通知を受けた社員は、指定された日時に面接指導を受けるものとし、管理者は、社員が指定された日時に面接指導を受けることができるよう配慮しなければならない。

3　面接指導を行う場所は、_____とする。

（面接指導結果に基づく医師の意見聴取方法）
第19条　会社は、産業医に対して、面接指導が終了してから遅くとも30日以内に、別紙4の面接指導結果報告書兼意見書により、結果の報告及び意見の提出を求める。

（面接指導結果を踏まえた措置の実施方法）
第20条　面接指導の結果、就業上の措置が必要との意見書が産業医から提出され、人事異動を含めた就業上の措置を実施する場合は、人事労務部門の担当者が、産業医同席の上で、該当する社員に対して、就業上の措置の内容及びその理由等について説明を行う。

2　社員は、正当な理由がない限り、会社が指示する就業上の措置に従わなければならない。

（面接指導を受けるのに要する時間の賃金の取扱い）

第21条　面接指導を受けるのに要する時間は、業務時間として取り扱う。

第3節　集団ごとの集計・分析
（集計・分析の対象集団）
第22条　ストレスチェック結果の集団ごとの集計・分析は、原則として、課ごとの単位で行う。ただし、10人未満の課については、同じ部門に属する他の課と合算して集計・分析を行う。
（集計・分析の方法）
第23条　集団ごとの集計・分析は、マニュアルに示されている仕事のストレス判定図を用いて行う。
（集計・分析結果の利用方法）
第24条　実施者の指示により、実施事務従事者が、会社の人事労務部門に、課ごとに集計・分析したストレスチェック結果（個人のストレスチェック結果が特定されないもの）を提供する。
2　会社は、課ごとに集計・分析された結果に基づき、必要に応じて、職場環境の改善のための措置を実施するとともに、必要に応じて集計・分析された結果に基づいて管理者に対して研修を行う。社員は、会社が行う職場環境の改善のための措置の実施に協力しなければならない。

第4章　記録の保存
（ストレスチェック結果の記録の保存担当者）
第25条　ストレスチェック結果の記録の保存担当者は、第6条で実施事務従事者として規定されている衛生管理者とする。
（ストレスチェック結果の記録の保存期間・保存場所）
第26条　ストレスチェック結果の記録は、会社のサーバー内に5年間保存する。
（ストレスチェック結果の記録の保存に関するセキュリティの確保）
第27条　保存担当者は、会社のサーバー内に保管されているストレスチェック結果が第三者に閲覧されることがないよう、責任をもって閲覧できるため

のパスワードの管理をしなければならない。
(事業者に提供されたストレスチェック結果・面接指導結果の保存方法)
第28条　会社の人事労務部門は、社員の同意を得て会社に提供されたストレスチェック結果の写し、実施者から提供された集団ごとの集計・分析結果、面接指導を実施した医師から提供された面接指導結果報告書兼意見書(面接指導結果の記録)を、社内で5年間保存する。
2　人事労務部門は、第三者に社内に保管されているこれらの資料が閲覧されることがないよう、責任をもって鍵の管理をしなければならない。

第5章　ストレスチェック制度に関する情報管理
(ストレスチェック結果の共有範囲)
第29条　社員の同意を得て会社に提供されたストレスチェックの結果の写しは、人事労務部門内のみで保有し、他の部署の社員には提供しない。
(面接指導結果の共有範囲)
第30条　面接指導を実施した医師から提供された面接指導結果報告書兼意見書(面接指導結果の記録)は、人事労務部門内のみで保有し、そのうち就業上の措置の内容など、職務遂行上必要な情報に限定して、該当する社員の管理者及び上司に提供する。
(集団ごとの集計・分析結果の共有範囲)
第31条　実施者から提供された集計・分析結果は、人事労務部門で保有するとともに、課ごとの集計・分析結果については、当該課の管理者に提供する。
2　課ごとの集計・分析結果とその結果に基づいて実施した措置の内容は、衛生委員会に報告する。
(健康情報の取扱いの範囲)
第32条　ストレスチェック制度に関して取り扱われる社員の健康情報のうち、診断名、検査値、具体的な愁訴の内容等の生データや詳細な医学的情報は、産業医又は保健師が取り扱わなければならず、人事労務部門に関連情報を提供する際には、適切に加工しなければならない。

第6章　情報開示、訂正、追加及び削除と苦情処理
（情報開示等の手続き）
第33条　社員は、ストレスチェック制度に関して情報の開示等を求める際には、所定の様式を、電子メールにより_____課に提出しなければならない。

（苦情申し立ての手続き）
第34条　社員は、ストレスチェック制度に関する情報の開示等について苦情の申し立てを行う際には、所定の様式を、電子メールにより_____課に提出しなければならない。

（守秘義務）
第35条　社員からの情報開示等や苦情申し立てに対応する_____課の職員は、それらの職務を通じて知り得た社員の秘密（ストレスチェックの結果その他の社員の健康情報）を、他人に漏らしてはならない。

第7章　不利益な取扱いの防止
（会社が行わない行為）
第36条　会社は、社内掲示板に次の内容を掲示するほか、本規程を社員に配布することにより、ストレスチェック制度に関して、会社が次の行為を行わないことを社員に周知する。
　一　ストレスチェック結果に基づき、医師による面接指導の申出を行った社員に対して、申出を行ったことを理由として、その社員に不利益となる取扱いを行うこと。
　二　社員の同意を得て会社に提供されたストレスチェック結果に基づき、ストレスチェック結果を理由として、その社員に不利益となる取扱いを行うこと。
　三　ストレスチェックを受けない社員に対して、受けないことを理由として、その社員に不利益となる取扱いを行うこと。
　四　ストレスチェック結果を会社に提供することに同意しない社員に対して、同意しないことを理由として、その社員に不利益となる取扱いを行うこと。

五　医師による面接指導が必要とされたにもかかわらず、面接指導の申出を行わない社員に対して、申出を行わないことを理由として、その社員に不利益となる取扱いを行うこと。

六　就業上の措置を行うに当たって、医師による面接指導を実施する、面接指導を実施した産業医から意見を聴取するなど、労働安全衛生法及び労働安全衛生規則に定められた手順を踏まずに、その社員に不利益となる取扱いを行うこと。

七　面接指導の結果に基づいて、就業上の措置を行うに当たって、面接指導を実施した産業医の意見とはその内容・程度が著しく異なる等医師の意見を勘案し必要と認められる範囲内となっていないものや、労働者の実情が考慮されていないものなど、労働安全衛生法その他の法令に定められた要件を満たさない内容で、その社員に不利益となる取扱いを行うこと。

八　面接指導の結果に基づいて、就業上の措置として、次に掲げる措置を行うこと。
① 解雇すること。
② 期間を定めて雇用される社員について契約の更新をしないこと。
③ 退職勧奨を行うこと。
④ 不当な動機・目的をもってなされたと判断されるような配置転換又は職位（役職）の変更を命じること。
⑤ その他の労働契約法等の労働関係法令に違反する措置を講じること。

附則
（施行期日）
第1条　この規程は、平成＿＿年＿＿月＿＿日から施行する。

（厚生労働省「ストレスチェック制度実施規程（例）」PDFより）

巻末資料③

〈具体例・様式例〉

【ストレスチェック実施時の文例；Web実施版】

○○株式会社△△事業場の皆様

平素より会社の健康・衛生管理施策にご協力いただき、誠にありがとうございます。
衛生管理者（事業場内メンタルヘルス推進担当者）の○○です。
今般、セルフケア（一人ひとりが行う自身の健康管理）のさらなる充実化及び働きやすい職場環境の形成を目的に、労働安全衛生法に基づき、産業医○○および保健師○○を実施者としたストレスチェックを行います。
ご多忙の中恐縮ではありますが、上記目的を鑑みて、期間内に受けるようお願い致します。

Ⅰ．実施期間：20**年**月**日(火)〜**月**日(火)
　　　　　　月日(火)17:00までに回答をお願いします。
Ⅱ．対象者：20**年**月1日時点で就業している社員
　　　　　本メールが届いた方は対象ですので、受検をお願いします。
Ⅲ．質問数：**問　所要時間：約**分〜**分／回（就業時間の取扱いとなります）
Ⅳ．実施方法：原則としてWebにて実施
　　　　　　利用者ガイド若しくはURL*********を参照下さい。
　　　　　　利用者ガイド→こちら

＊実施結果は自身で閲覧・印刷することが可能ですので、自己管理ツールとしてご活用下さい。
＊マークシート回答の方：後日「個人結果表（ストレスプロフィール）」を社内便で送付

………

Ⅴ．結果の取扱について
　ご回答いただいた個人のストレスチェック結果は、個人の健康管理を目的として、産業医・保健師のみが確認し、必要に応じて面接推奨のご連絡を個別に差し上げます。
個人の結果が外部（上司・人事部門等）に漏れることは、一切ありません。
また、職場全体のストレス傾向の把握を目的に、個人が特定できないようストレスチェック結果を加工し、分析および報告書作成に使用します。

ご不明な点がありましたら○○（内線＊＊＊＊）まで、ご遠慮なくご連絡下さい。以上宜しくお願い致します。

（「実施マニュアル」p29 より）

〈具体例・様式例〉

【ストレスチェックの受検を実施者から催促する場合の文例；Web実施版】

○○株式会社△△事業場の皆様

平素より会社の健康・衛生管理施策にご協力いただき、誠にありがとうございます。
保健師の△△です。

※本メールは、＊＊月--日10時の時点でストレスチェック未実施の方に送付しております。

実施期間が＊＊月＊＊日（火）17:00までとなっております。
ご多忙の中、まことに恐縮ではありますが、目的やデータの取扱いについては改めて下に記載致しますので、ぜひ期間内の受検をお願い致します。

実施方法の詳細は、前回ご案内メール；＊＊＊＊＊＊＊＊＊＊＊＊(リンク)をご参照ください。

【ストレスチェックの目的】
会社では従来より、心の健康管理の一環として、定期健康診断における問診を始めとし産業医・保健師への相談窓口設置やメンタルヘルス研修等を行っておりますが、今般、従来施策とは別のものとして、セルフケア(一人ひとりが行う自身の健康管理)のさらなる充実化および働きやすい職場環境の形成を目的に、労働安全衛生法に基づき、産業医・保健師を実施者としたストレスチェックを実施しています。

【受検対象者】
上記の目的から、できるだけ多くの社員(できれば対象者全員)に実施していただきますよう、お願い申し上げます。ただし、今回のストレスチェックを受けない場合でも、会社側からの不利益な取扱い等は一切ございません。

【ご回答いただいたデータの取扱い】
ご回答いただいた個人のストレスチェック結果については、ご回答直後からご自身で確認・閲覧・印刷できますので、自己管理にお役立て下さい。
ご回答いただいた個人のストレスチェック結果に基づき、個人の健康管理を目的として産業医・保健師のみが確認し、必要に応じて面接推奨のご連絡を個別に差し上げます。
個人の結果が外部(上司・人事部門等)に漏れることは、一切ありません。
また、職場全体のストレス傾向の把握を目的に、個人が特定できないようストレスチェック結果を加工し、分析および報告書作成に使用します。

（「実施マニュアル」p45より）

巻末資料④
【素点換算表】

素点換算表（職業性ストレス簡易調査票 57 項目を用いる場合）

尺度	計算 (No.は質問項目番号)	得点	男性					女性				
			低い/少ない	やや低い/少い	普通	やや高い/多い	高い/多い	低い/少ない	やや低い/少い	普通	やや高い/多い	高い/多い
			上段：質問項目合計得点 下段は分布(n=15,933)					上段：質問項目合計得点 下段は分布(n=8,447)				
【ストレスの原因と考えられる因子】												
心理的な仕事の負担(量)	15−(No.1+No.2+No.3)		3−5 7.2%	6−7 18.9%	8−9 40.8%	10−11 22.7%	12 10.4%	3−4 6.6%	5−6 20.4%	7−9 51.7%	10−11 15.6%	12 5.8%
心理的な仕事の負担(質)	15−(No.4+No.5+No.6)		3−5 4.5%	6−7 20.6%	8−9 43.4%	10−11 25.7%	12 5.7%	3−4 4.9%	5−6 17.5%	7−8 38.2%	9−10 29.1%	11−12 10.3%
自覚的な身体的負担度	5−No.7			1 33.8%	2 39.3%	3 18.7%	4 8.2%		1 37.0%	2 33.7%	3 19.7%	4 9.6%
職場の対人関係でのストレス	10−(No.12+No.13)+No.14		3 5.7%	4−5 24.8%	6−7 47.5%	8−9 17.6%	10−12 4.5%	3 7.3%	4−5 26.8%	6−7 41.0%	8−9 18.4%	10−12 6.4%
職場環境によるストレス	5−No.15			1 25.1%	2 38.0%	3 23.1%	4 13.8%		1 17.7%	2 31.7%	3 28.8%	4 21.7%
仕事のコントロール度	15−(No.8+No.9+No.10)		3−4 5.4%	5−6 16.6%	7−8 37.1%	9−10 32.4%	11−12 8.5%	3 5.5%	4−5 16.0%	6−8 48.8%	9−10 23.3%	11−12 6.3%
技能の活用度	No.11		1 4.5%	2 18.2%	3 49.4%	4 27.9%		1 9.1%	2 26.7%	3 45.6%	4 18.6%	
仕事の適性度	5−No.16		1 6.4%	2 23.3%	3 54.9%		4 15.4%	1 9.3%	2 25.9%	3 49.7%		4 15.1%
働きがい	5−No.17		1 7.3%	2 24.2%	3 51.4%		4 17.0%	1 13.1%	2 29.3%	3 44.5%		4 13.1%
【ストレスによっておこる心身の反応】												
活気	No.1+No.2+No.3		3 10.9%	4−5 14.3%	6−7 41.6%	8−9 24.5%	10−12 8.7%	3 13.4%	4−5 19.2%	6−7 37.3%	8−9 21.3%	10−12 8.8%
イライラ感	No.4+No.5+No.6		3 10.3%	4−5 20.9%	6−7 38.2%	8−9 7.8%	10−12 7.6%	3 7.6%	4−5 18.2%	6−8 45.1%	9−10 20.3%	11−12 8.8%
疲労感	No.7+No.8+No.9		3 9.7%	4 12.2%	5−7 47.4%	8−10 23.3%	11−12 7.4%	3 6.2%	4−5 23.2%	6−8 40.1%	9−11 23.1%	12 7.4%
不安感	No.10+No.11+No.12		3 8.3%	4−5 14.9%	5−7 51.9%	8−9 17.8%	10−12 7.1%	3 12.3%	4 15.6%	5−7 44.7%	8−10 21.6%	11−12 5.8%
抑うつ感	No.13〜No.18 の合計		6 15.1%	7−8 21.6%	9−12 40.6%	13−16 16.2%	17−24 6.5%	6 12.4%	7−8 18.9%	9−12 39.3%	13−17 22.3%	18−24 7.2%
身体愁訴	No.19〜No.29 の合計		11 5.3%	12−15 31.0%	16−21 40.5%	22−26 15.9%	27−44 7.4%	11−13 8.3%	14−17 23.6%	18−23 38.6%	24−29 21.7%	30−44 7.8%
【ストレス反応に影響を与える他の因子】												
上司からのサポート	15−(No.1+No.4+No.7)		3−4 6.9%	5−6 27.0%	7−8 32.8%	9−10 24.7%	11−12 8.7%	3 7.5%	4−5 22.0%	6−7 38.9%	8−10 26.7%	11−12 4.9%
同僚からのサポート	15−(No.2+No.5+No.8)		3−5 6.1%	6−7 32.4%	8−9 39.9%	10−11 16.3%	12 5.3%	3−5 8.1%	6−7 31.3%	8−9 35.3%	10−11 17.9%	12 7.4%
家族・友人からのサポート	15−(No.3+No.6+No.9)		3−6 6.9%	7−8 13.9%	9 20.3%	10−11 28.4%	12 30.6%	3−6 4.4%	7−8 10.6%	9 16.0%	10−11 28.6%	12 40.4%
仕事や生活の満足度	10−(No.1+No.2)		2−3 5.0%	4 12.3%	5−6 57.2%	7 17.4%	8 8.1%	2−3 6.4%	4 15.4%	5−6 57.8%	7 15.4%	8 5.0%

素点換算表（職業性ストレス簡易調査票の簡略版 23 項目を用いる場合）

尺度	計算 (No.は質問項目番号)	得点	男性					女性				
			低い／少い	やや低い／少い	普通	やや高い／多い	高い／多い	低い／少い	やや低い／少い	普通	やや高い／多い	高い／多い
			上段:質問項目合計得点 下段は分布(n=15,933)					上段:質問項目合計得点 下段は分布(n=8,447)				
【ストレスの原因と考えられる因子】												
心理的な仕事の負担(量)	15−(No.1+No.2+No.3)		3−5 7.2%	6−7 18.9%	8−9 40.8%	10−11 22.7%	12 10.4%	3−4 6.6%	5−6 20.4%	7−9 51.7%	10−11 15.6%	12 5.8%
仕事のコントロール度	15−(No.8+No.9+No.10)		3−4 5.4%	5−6 16.6%	7−8 37.1%	9−10 32.4%	11−12 8.5%	3 5.5%	4−5 16.0%	6−8 48.8%	9−10 23.7%	11−12 6.3%
【ストレスによっておこる心身の反応】												
疲労感	No.7+No.8+No.9		3 9.7%	4 12.2%	5−7 47.4%	8−10 23.3%	11−12 7.4%	3 6.2%	4−5 23.2%	6−8 40.1%	9−11 23.1%	12 7.4%
不安感	No.10+No.11+No.12		3 8.3%	4 14.9%	5−7 51.9%	8−9 17.8%	10−12 7.1%	3 12.3%	4 15.6%	5−7 44.7%	8−10 21.6%	11−12 5.8%
抑うつ感	No.13+No.14+No.16		3 19.2%	4 15.7%	5−6 37.2%	7−9 22.2%	10−12 5.7%	3 15.7%	4 13.9%	5−6 34.9%	7−10 30.0%	11−12 5.5%
食欲不振	No.27		1 71.6%		2 22.9%	3 4.3%	4 1.2%	1 66.2%		2 25.8%	3 5.9%	4 2.1%
不眠	No.29		1 55.6%		2 31.3%	3 9.8%	4 3.3%	1 52.2%		2 30.6%	3 12.2%	4 5.0%
【ストレス反応に影響を与える他の因子】												
上司からのサポート	15−(No.1+No.4+No.7)		3−4 6.9%	5−6 27.0%	7−8 32.8%	9−10 24.7%	11−12 8.7%	3 7.5%	4−5 22.0%	6−7 38.9%	8−10 26.7%	11−12 4.9%
同僚からのサポート	15−(No.2+No.5+No.8)		3−5 6.1%	6−7 32.4%	8−9 39.9%	10−11 16.3%	12 5.3%	3−5 8.1%	6−7 31.3%	8−9 35.3%	10−11 17.9%	12 7.4%

○ 計算した結果はレーダーチャート形式（P49 参照）又は表形式（P39 参照）で表します。レーダーチャート形式ではレーダーが小さく中心を向いているほど、表形式では端の影のかかった枠に○があるほど、ストレス状況は良くないことを示しています。レーダーチャートと表形式で出力した結果に対する簡単な説明とアドバイスを付した文書も同時に作成します。

○ 結果の解釈にあたって：調査票の尺度のうち、「ストレスの要因と考えられる因子」や「ストレス反応に影響を与える他の因子」も大切ですが、「ストレスによっておこる心身の反応」に問題が多い場合には特に早めに対応することが重要となります。「ストレスによっておこる心身の反応」の6つの尺度の中では、「活気の低下」はストレスの程度が比較的低い段階でも認められ、次に「身体愁訴」や「イライラ感」や「疲労感」、ついで「不安感」が続き、「抑うつ感」がストレスの程度が最も高い段階でみられる症状であることが分かっています。したがって、労働者のストレス状況を観察する場合には「不安感」「抑うつ感」に着目し、「不安感」「抑うつ感」の高い労働者に特に注意していく必要があるでしょう。

（「実施マニュアル」p37〜38 より）

巻末資料⑤

高ストレス者を選定するための方法

＜基本となる考え方＞

○ 次の①及び②に該当する者を高ストレス者として選定します。
　① 「心身のストレス反応」に関する項目の評価点の合計が高い者
　② 「心身のストレス反応」に関する項目の評価点の合計が一定以上であり、かつ「仕事のストレス要因」及び「周囲のサポート」に関する項目の評価点の合計が著しく高い者

○ 上記①及び②に該当する者の割合については、以下の評価基準の例では概ね全体の１０％程度としていますが、それぞれの事業場の状況により、該当者の割合を変更することが可能です。

＜評価基準の例（その１）＞

この方法は、調査票の各質問項目への回答の点数を、単純に合計して得られる評価点を基準に用います。このため、特別な手順によらず算出することが可能です。

職業性ストレス簡易調査票（57 項目）を使用する場合の評価基準の設定例

㋐ 「心身のストレス反応」（29 項目）の合計点数（ストレスが高い方を 4 点、低い方を 1 点とする）を算出し、合計点数が 77 点以上である者を高ストレスとする。

㋑ 「仕事のストレス要因」（17 項目）及び「周囲のサポート」（9 項目）の合計点数（ストレスが高い方を 4 点、低い方を 1 点とする）を算出し、合計点数が 76 点以上であって、かつ、「心身のストレス反応」の合計点数が 63 点以上である者を高ストレスとする。

【概念図】
㋐又は㋑のいずれかに該当する者を高ストレス者と評価する。
※調査票の項目中、満足度に関する回答は評価に含みません。

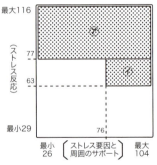

職業性ストレス簡易調査票簡易版（23 項目）を使用する場合の評価基準の設定例

㋐ 「心身のストレス反応」（11 項目）の合計点数（ストレスが高い方を 4 点、低い方を 1 点とする）を算出し、合計点数が 31 点以上である者と高ストレスとする。

㋑ 「仕事のストレス要因」（6 項目）及び「周囲のサポート」（6 項目）の合計点数

（ストレスが高い方を 4 点、低い方を 1 点とする）を算出し、合計点数が 39 点以上であって、かつ、「心身のストレス反応」の合計点数が 23 点以上である者を高ストレスとする。

【概念図】
㋐又は㋑のいずれかに該当する者を高ストレス者と評価する。

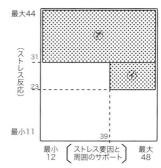

<評価基準の例（その２）>
　この方法は、調査票の各質問項目への回答の点数を、素点換算表により尺度ごとの 5 段階評価（ストレスの高い方が 1 点、低い方が 5 点）に換算し、その評価点の合計点（または平均点）を基準に用います。分析ツール（プログラム）が必要ですが、個人プロフィールとの関連がわかりやすく、尺度ごとの評価が考慮された解析方法です。

職業性ストレス簡易調査票（57 項目）を使用する場合の評価基準の設定例
㋐「心身のストレス反応」（29 項目）の 6 尺度（活気、イライラ感、不安感、抑うつ感、疲労感、身体愁訴）について、素点換算表（P37）により 5 段階評価（ストレスの高い方が 1 点、低い方が 5 点）に換算し、6 尺度の合計点が 12 点以下（平均点が 2.00 点以下）である者を高ストレスとする。
㋑「仕事のストレス要因」（17 項目）の 9 尺度（仕事の量、仕事の質、身体的負担度等）及び「周囲のサポート」（9 項目）の 3 尺度（上司からのサポート、同僚からのサポート等）の計 12 尺度について、素点換算表（P37）により 5 段階評価（ストレスの高い方が 1 点、低い方が 5 点）に換算し、12 尺度の合計点が 26 点以下（平均点が 2.17 点以下）であって、かつ、「心身のストレス反応」の 6 尺度の合計点が 17 点以下（平均点が 2.83 点以下）である者を高ストレスとする。

【概念図】
㋐又は㋑のいずれかに
該当する者を高ストレス者
と評価する。
※調査票の項目中、満足度に関する
回答は評価に含みません。

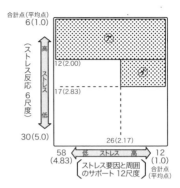

職業性ストレス簡易調査票簡易版（23項目）を使用する場合の評価基準の設定例

㋐「心身のストレス反応」（11項目）の5尺度（不安感、抑うつ感、疲労感、食欲不振、不眠）について、素点換算表（P38）により5段階評価（ストレスの高い方が1点、低い方が5点）に換算し、5尺度の合計点が11点以下（平均点が2.20点以下）である者を高ストレスとする。

㋑「仕事のストレス要因」（6項目）の2尺度（仕事の量、コントロール度）及び「周囲のサポート」（6項目）の2尺度（上司からのサポート、同僚からのサポート）の計4尺度について、素点換算表（P38）により5段階評価（ストレスの高い方が1点、低い方が5点）に換算し、4尺度の合計点が8点以下（平均点が2.00点以下）であって、かつ、「心身のストレス反応」の5尺度の合計点が16点以下（平均点が3.20点以下）である者を高ストレスとする。

【概念図】
㋐又は㋑のいずれかに
該当する者を高ストレス者
と評価する。

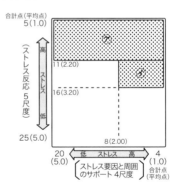

注1）上記の設定例（その1及びその2）は、㋐と㋑の比率を8：2とし、高ストレス者の割合を全体の10％程度とした場合の例とその評価基準の点数を示したものであり、この比率や割合は面接指導の対象者の選定方針や事業場全体の高ストレス者の比率を勘案し、変更することが可能です。
（巻末の資料に、職業性ストレス簡易調査票を用いた実績データから作成された分布表を添付していますので、比率や具体的な基準点の設定にご活用下さい。）

注2）国では、職業性ストレス簡易調査票を用いて、高ストレス者を選定する分析ツールを無料で提供していますので、ご活用ください。(http://stresscheck.mhlw.go.jp/)

（「実施マニュアル」p40～43より）

巻末資料⑥

数値基準に基づいて「高ストレス者」を選定する方法
（ストレスチェック制度実施マニュアルの解説）

ストレスチェックにおいて、数値基準に基づいて高ストレス者を選定する方法については、ストレスチェック制度実施マニュアルの 40～43 ページに記載していますが、ここでは、その内容に基づいて、さらに具体的な手順を解説します。

1 合計点数を使う方法 （マニュアルの 40 ページ評価基準の例（その 1 ））

手順

○ まず、労働者が記入又は入力した調査票を元に、合計点数を算出します。

合計点数を算出する時に、もっとも気をつけなければいけない点は、質問の一部に、質問の聞き方により、<u>点数が低いほどストレスが高いと評価すべき質問が混ざっていることです。こうした質問の場合は、回答のあった点数を逆転させて足し合わせていく必要があります。</u>

具体的には、職業性ストレス簡易調査票の質問のうち、領域「A」の1～7、11～13、15、領域「B」の1～3（次ページの回答例の □ の枠内）の質問項目については、点数が低いほどストレスが高いという評価になるため、<u>回答のあった点数に応じて、1⇒4、2⇒3、3⇒2、4⇒1に置き換えなおし、点数を足していく必要があります。</u>

○ このようにしてA、B、Cの領域ごとに合計点数を算出したら、次に高ストレス者を選定する数値基準に照らし合わせます。

マニュアルにおいて、高ストレス者を選定する評価基準の設定例（その1）では、以下のいずれかを満たす場合に、高ストレス者と選定することとなっています。

㋐ 領域Bの合計点数が **77 点以上** （最高点は 4×29＝116 点）であること
㋑ 領域AとCの合算の合計点数が **76 点以上** （最高点は 4×17＋4×9＝104 点）であり、かつ領域Bの合計点数が **63 点以上** であること

○ 合計点数を使う方法では、このようにして高ストレス者の選定を行っていきます。

計算例

○ それでは、実際に計算をしてみましょう。

　ここでは、以下の回答例の場合に、どのように点数を算出し、高ストレス者の選定を行うかについて紹介します。

○ まず、回答例の▨▨▨▨の枠内の質問について、回答のあった点数を「1⇒4、2⇒3、3⇒2、4⇒1」という置き換えのルールに基づいて、置き換えていきます（枠外の点数はそのままです）。置き換え後の点数は、調査票の右側に記載しているとおりとなります。

○ 次に、置き換え後の点数を足し合わせて、領域ごとの合計点数を求めます。この例では、領域「A」の合計点数は 51 点、領域「B」の合計点数は 92 点、領域「C」の合計点数は 31 点となります。

○ 最後に、領域ごとの合計点数を、前ページの評価基準の設定例（その1）に照らし合わせると、領域Bの合計点数が 92 点ですから基準⑦（77 点以上）を満たしており、また、領域AとCの合算が 82 点ですので基準④（76 点以上）も満たしていますので、高ストレス者ということになります。

【職業性ストレス簡易調査票の回答例】

A　あなたの仕事についてうかがいます。最もあてはまるものに○を付けてください。

	そうだ	まあそうだ	ややちがう	ちがう	置き換え後の点数
1. 非常にたくさんの仕事をしなければならない	[1]	2	3	4	4　（1⇒4）
2. 時間内に仕事が処理しきれない	[1]	2	3	4	4　（1⇒4）
3. 一生懸命働かなければならない	1	[2]	3	4	3　（2⇒3）
4. かなり注意を集中する必要がある	1	2	[3]	4	2　（3⇒2）
5. 高度の知識や技術が必要なむずかしい仕事だ	1	2	[3]	4	2　（3⇒2）
6. 勤務時間中はいつも仕事のことを考えていなければならない	[1]	2	3	4	4　（1⇒4）
7. からだを大変よく使う仕事だ	1	2	3	[4]	1　（4⇒1）
8. 自分のペースで仕事ができる	1	2	3	[4]	4
9. 自分で仕事の順番・やり方を決めることができる	1	2	[3]	4	3
10. 職場の仕事の方針に自分の意見を反映できる	1	2	3	[4]	4
11. 自分の技能や知識を仕事で使うことが少ない	1	[2]	3	4	3　（2⇒3）
12. 私の部署内で意見のくい違いがある	1	2	[3]	4	2　（3⇒2）
13. 私の部署と他の部署とはうまが合わない	1	[2]	3	4	3　（2⇒3）
14. 私の職場の雰囲気は友好的である	1	2	3	[4]	4
15. 私の職場の作業環境（騒音、照明、温度、換気など）はよくない	1	2	[3]	4	2　（3⇒2）
16. 仕事の内容は自分にあっている	1	2	[3]	4	3
17. 働きがいのある仕事だ	1	2	3	[4]	4

B 最近1か月間のあなたの状態についてうかがいます。最もあてはまるものに〇を付けてください。

	ほとんどなかった	ときどきあった	しばしばあった	ほとんどいつもあった	置き換え後の点数
1. 活気がわいてくる	1	2	3	4	4（1⇒4）
2. 元気がいっぱいだ	1	2	3	4	4（1⇒4）
3. 生き生きする	1	2	3	4	4（1⇒4）
4. 怒りを感じる	1	2	3	4	2
5. 内心腹立たしい	1	2	3	4	3
6. イライラしている	1	2	3	4	3
7. ひどく疲れた	1	2	3	4	4
8. へとへとだ	1	2	3	4	4
9. だるい	1	2	3	4	4
10. 気がはりつめている	1	2	3	4	3
11. 不安だ	1	2	3	4	3
12. 落着かない	1	2	3	4	4
13. ゆううつだ	1	2	3	4	4
14. 何をするのも面倒だ	1	2	3	4	4
15. 物事に集中できない	1	2	3	4	3
16. 気分が晴れない	1	2	3	4	3
17. 仕事が手につかない	1	2	3	4	2
18. 悲しいと感じる	1	2	3	4	2
19. めまいがする	1	2	3	4	2
20. 体のふしぶしが痛む	1	2	3	4	2
21. 頭が重かったり頭痛がする	1	2	3	4	3
22. 首筋や肩がこる	1	2	3	4	4
23. 腰が痛い	1	2	3	4	4
24. 目が疲れる	1	2	3	4	4
25. 動悸や息切れがする	1	2	3	4	2
26. 胃腸の具合が悪い	1	2	3	4	3
27. 食欲がない	1	2	3	4	3
28. 便秘や下痢をする	1	2	3	4	3
29. よく眠れない	1	2	3	4	3

C あなたの周りの方々についてうかがいます。最もあてはまるものに〇を付けてください。

	非常に	かなり	多少	全くない	置き換え後の点数
次の人たちはどのくらい気軽に話ができますか？					
1. 上司	1	2	3	4	4
2. 職場の同僚	1	2	3	4	3
3. 配偶者、家族、友人等	1	2	3	4	3
あなたが困った時、次の人たちはどのくらい頼りになりますか？					
4. 上司	1	2	3	4	4
5. 職場の同僚	1	2	3	4	3
6. 配偶者、家族、友人等	1	2	3	4	4
あなたの個人的な問題を相談したら、次の人たちはどのくらいきいてくれますか？					
7. 上司	1	2	3	4	4
8. 職場の同僚	1	2	3	4	3
9. 配偶者、家族、友人等	1	2	3	4	3

2 素点換算表を使う方法　（マニュアルの41ページ評価基準の例（その2））

素点換算表を使う方法は、計算の方法が複雑なため、使いにくいという欠点はある一方で、質問の数の影響を排除し、尺度ごとの評価が考慮されたストレスの状況を把握できるという利点があります。

> **手順**
>
> 労働者が記入又は入力した調査票の各項目の点数を元に、素点換算表に当てはめて、評価点を算出していきます。算出の方法は以下のとおりです。
>
> ○ 素点換算表では、職業性ストレス簡易調査票の質問項目が、いくつかのまとまりごとに尺度としてまとめられ、計算方法が示されています。例えば、質問項目の1～3は、次ページの「素点換算表に基づく評価点の算出方法」の表の一番上にある「心理的な仕事の負担（量）」という尺度にまとめられます。
>
> ○ 尺度ごとの計算結果を素点換算表に当てはめ、5段階評価の評価点を出します。
>
> 【素点換算表に当てはめて評価点を出す場合の留意点】
> ・ 素点換算表では点数が低いものほどストレスの程度が高いという評価になります。
> ・ 1の場合と同様に、尺度によって、ストレスの程度の意味合いが逆になるもの（例えば、「心理的な仕事の負担（量）」が「高い／多い」のと、「仕事のコントロール度」が「高い／多い」のとでは意味合いが逆になる）がありますが、その場合は素点換算表の評価点が予め逆向きに設定されています。具体的には、次ページの「素点換算表に基づく評価点の算出方法」の表でみると、「心理的な仕事の負担（量）」の尺度と、「仕事のコントロール度」の尺度では、評価点の並び方が逆向きになっていることが分かります。（灰色に色づけされた欄でみていけば、灰色の欄が最もストレスの程度が高いという意味になります）。
>
> ○ このようにして求めた評価点を領域「A」、「B」、「C」ごとに合計し、高ストレス者を選定する数値基準に照らし合わせます。
>
> マニュアルにおいて、素点換算表を用いる際の高ストレス者を選定する評価基準の設定例（その2）では、以下のいずれかを満たす場合に、高ストレス者と選定することとなっています。
>
> > ㋐ 領域Bの評価点の合計が **12点以下**（最低点は1×6＝6点）であること
> > ㋑ 領域AとCの合算の評価点の合計が **26点以下**（最低点は1×9＋1×3＝12点）であり、かつ領域Bの評価点の合計が **17点以下** であること
>
> ○ 素点換算表を使う方法では、このようにして高ストレス者の選定を行っていきます。

計算例

○ それでは、実際に計算をしてみましょう。
ここでは、1で用いた回答例の場合に、どのように評価点を算出し、高ストレス者の選定を行うかについて紹介します。

○ まず、回答例の点数をもとに、計算によって尺度ごとの点数を出すと、下表の「○」で囲んだとおりとなります。

○ これを素点換算表に当てはめて評価点を出すと、表の右側に記載しているとおりとなります。

○ これをもとに、領域「A」、「B」、「C」の評価点の合計点を算出すると、それぞれ21点、7点、4点となります。

○ 最後に、領域ごとの合計点を、前ページの評価基準の設定例(その2)に照らし合わせると、領域Bの合計点数が7点ですから基準㋐(12点以下)を満たしており、また、領域AとCの合計が25点ですので基準㋑(26点以下)も満たしていますので、高ストレス者ということになります。

【素点換算表に基づく評価点の算出方法】

尺度	計算 (No.は質問項目番号)	低い/少ない	やや低い/少い	普通	やや高い/多い	高い/多い	評価点
A【ストレスの原因と考えられる因子】							
	評価点	5	4	3	2	1	
心理的な仕事の負担(量)	15−(No.1+No.2+No.3)	3−5	6−7	8−9	⓾−11	12	2
心理的な仕事の負担(質)	15−No.4+No.5+No.6)	3−5	6−7	⑧−⑨	10−11	12	3
自覚的な身体的負担度	5−No.7	①	2	3	④		4
職場の対人関係でのストレス	10−(No.12+No.13)+No.14	3	4−5	6−7	⑧−⑨	10−12	2
職場環境によるストレス	5−No.15		1	②	3	4	3
	評価点	1	2	3	4	5	
仕事のコントロール度	15−(No.8+No.9+No.10)	3−4	⑤−⑥	7−8	9−10	11−12	2
技能の活用度	No.11	1	②	3	4		2
仕事の適性度	5−No.16	1	②	3	4		2
働きがい	5−No.17	①	2	3	4		1
B【ストレスによっておこる心身の反応】							
	評価点	1	2	3	4	5	
活気	No.1+No.2+No.3	③	4−5	6−7	8−9	10−12	1
	評価点	5	4	3	2	1	
イライラ感	No.4+No.5+No.6	3	4−5	6−7	⑧−⑨	10−12	2
疲労感	No.7+No.8+No.9	3	4	5−7	8−10	⑪−⑫	1
不安感	No.10+No.11+No.12	3	4	5−7	8−9	⑩−⑫	1
抑うつ感	No.13〜No.18 の合計	6	7−8	9−12	13−16	⑰−㉔	1
身体愁訴	No.19〜No.29 の合計	11	12−15	16−21	22−26	㉗−㊹	1
C【ストレス反応に影響を与える他の因子】							
	評価点	1	2	3	4	5	
上司からのサポート	15−(No.1+No.4+No.7)	③−④	5−6	7−8	9−10	11−12	1
同僚からのサポート	15−(No.2+No.5+No.8)	3−5	⑥−⑦	8−9	10−11	12	2
家族・友人からのサポート	15−(No.3+No.6+No.9)	③−⑥	7−8	9	10−11	12	1

(厚生労働省「数値基準に基づいて「高ストレス者」を選定する方法」PDFより)

巻末資料⑦

企業担当者向けの相談窓口一覧

「ストレスチェック制度サポートダイヤル」
電話番号：全国統一ナビダイヤル　0570-031050
※通話料がかかります。
開設日：平成27年5月20日(水)
受付時間：平日10時～17時(土曜、日曜、祝日、12月29日～1月3日は除く)

産業保健総合支援センター一覧(全国47か所)

センター名	住所	連絡先
北海道産業保健総合支援センター	〒060-0001　北海道札幌市中央区北1条西7-1　プレスト1・7ビル2F	TEL 011-242-7701　FAX 011-242-7702 http://www.hokkaido-sanpo.jp
青森産業保健総合支援センター	〒030-0862　青森県青森市古川2-20-3　朝日生命青森ビル8F	TEL 017-731-3661　FAX 017-731-3660 http://www.sanpo02.jp
岩手産業保健総合支援センター	〒020-0045　岩手県盛岡市盛岡駅西通2-9-1　マリオス14F	TEL 019-621-5366　FAX 019-621-5367 http://www.sanpo03.jp
宮城産業保健総合支援センター	〒980-6015　宮城県仙台市青葉区中央4-6-1　住友生命仙台中央ビル15F	TEL 022-267-4229　FAX 022-267-4283 http://www.miyagisanpo.jp
秋田産業保健総合支援センター	〒010-0874　秋田県秋田市千秋久保田町6-6　秋田県総合保健センター4F	TEL 018-884-7771　FAX 018-884-7781 http://www.akitasanpo.jp
山形産業保健総合支援センター	〒990-0047　山形県山形市旅篭町3-1-4　食糧会館4F	TEL 023-624-5188　FAX 023-624-5250 http://sanpo06.jp
福島産業保健総合支援センター	〒960-8031　福島県福島市栄町6-6　NBFユニックスビル10F	TEL 024-526-0526　FAX 024-526-0528 http://sanpo07.jp
茨城産業保健総合支援センター	〒310-0021　茨城県水戸市南町3-4-10　住友生命水戸ビル8F	TEL 029-300-1221　FAX 029-227-1335 http://www.ibaraki-sanpo.jp
栃木産業保健総合支援センター	〒320-0811　栃木県宇都宮市大通り1-4-24　MSCビル4F	TEL 028-643-0685　FAX 028-643-0695 http://www.tochigisanpo.jp
群馬産業保健総合支援センター	〒371-0022　群馬県前橋市千代田町1-7-4　群馬メディカルセンタービル2F	TEL 027-233-0026　FAX 027-233-9966 http://www.gummasanpo.jp
埼玉産業保健総合支援センター	〒330-0063　埼玉県さいたま市浦和区高砂2-2-3　さいたま浦和ビルディング6F	TEL 048-829-2661　FAX 048-829-2660 http://www.saitama-sanpo.jp
千葉産業保健総合支援センター	〒260-0013　千葉県千葉市中央区中央3-3-8　オーク千葉中央ビル8F	TEL 043-202-3639　FAX 043-202-3638 http://www.chiba-sanpo.jp
東京産業保健総合支援センター	〒102-0075　東京都千代田区三番町6-14　日本生命三番町ビル3F	TEL 03-5211-4480　FAX 03-5211-4485 http://www.sanpo-tokyo.jp/index.html
神奈川産業保健総合支援センター	〒221-0835　神奈川県横浜市神奈川区鶴屋町3-29-1　第6安田ビル3F	TEL 045-410-1160　FAX 045-410-1161 http://www.sanpo-kanagawa.jp
新潟産業保健総合支援センター	〒951-8055　新潟県新潟市中央区礎町通二ノ町2077　朝日生命新潟万代橋ビル6F	TEL 025-227-4411　FAX 025-227-4412 http://www.sanpo15.jp
富山産業保健総合支援センター	〒930-0856　富山県富山市牛島新町5-5　インテックビル4F	TEL 076-444-6866　FAX 076-444-6799 http://toyamasanpo.net
石川産業保健総合支援センター	〒920-0031　石川県金沢市広岡3-1-1　金沢パークビル9F	TEL 076-265-3888　FAX 076-265-3887 http://www.ishikawa-sanpo.jp
福井産業保健総合支援センター	〒910-0006　福井県福井市中央1-3-1　加藤ビル7F	TEL 0776-27-6395　FAX 0776-27-6397 http://www1a.biglobe.ne.jp/fukui-sanpo/
山梨産業保健総合支援センター	〒400-0031　山梨県甲府市丸の内2-32-11　山梨県医師会館4F	TEL 055-220-7020　FAX 055-220-7021 http://www.sanpo19.jp

センター名	住所	連絡先
長野産業保健総合支援センター	〒380-0036 長野県長野市岡田町215-1 日本生命長野ビル4F	TEL 026-225-8533　FAX 026-225-8535 http://www.nagano-sanpo.jp
岐阜産業保健総合支援センター	〒500-8844 岐阜県岐阜市吉野町6-16 大同生命・廣瀬ビルB1F	TEL 058-263-2311　FAX 058-263-2366 http://www.sanpo21.jp
静岡産業保健総合支援センター	〒420-0034 静岡県静岡市葵区常磐町2-13-1 住友生命静岡常磐町ビル9F	TEL 054-205-0111　FAX 054-205-0123 http://www.shizuokasanpo.jp
愛知産業保健総合支援センター	〒460-0004 愛知県名古屋市中区新栄町2-13 栄第一生命ビルディング9F	TEL 052-950-5375　FAX 052-950-5377 http://sanpo23.jp
三重産業保健総合支援センター	〒514-0003 三重県津市桜橋2-191-4 三重県医師会館ビル5F	TEL 059-213-0711　FAX 059-213-0712 http://www.miesanpo.jp
滋賀産業保健総合支援センター	〒520-0047 滋賀県大津市浜大津1-2-22 大津商中日生ビル8F	TEL 077-510-0770　FAX 077-510-0775 http://www.shigasanpo.jp
京都産業保健総合支援センター	〒604-8186 京都府京都市中京区車屋町通御池下ル梅屋町361-1　アーバネックス御池ビル東館5F	TEL 075-212-2600　FAX 075-212-2700 http://www.kyoto-sanpo.jp
大阪産業保健総合支援センター	〒540-0033 大阪府大阪市中央区石町2-5-3 エル・おおさか南館9F	TEL 06-6944-1191　FAX 06-6944-1192 http://www.osakasanpo.jp
兵庫産業保健総合支援センター	〒651-0087 兵庫県神戸市中央区御幸通6-1-20 三宮山田東急ビル8F	TEL 078-230-0283　FAX 078-230-0284 http://www.hyogo-sanpo.jp
奈良産業保健総合支援センター	〒630-8115 奈良県奈良市大宮町1-1-32 奈良交通第3ビル3F	TEL 0742-25-3100　FAX 0742-25-3101 http://www.nara-sanpo.jp
和歌山産業保健総合支援センター	〒640-8137 和歌山県和歌山市吹上2-1-22 和歌山県日赤会館7F	TEL 073-421-8990　FAX 073-421-8991 http://www.naxnet.or.jp/~sangyo-1/
鳥取産業保健総合支援センター	〒680-0846 鳥取県鳥取市扇町115-1 鳥取駅前第一生命ビルディング6F	TEL 0857-25-3431　FAX 0857-25-3432 http://www.tottori-sanpo.jp
島根産業保健総合支援センター	〒690-0003 島根県松江市朝日町477-17 明治安田生命松江駅前ビル7F	TEL 0852-59-5801　FAX 0852-59-5881 http://www.shimanesanpo.jp
岡山産業保健総合支援センター	〒700-0907 岡山県岡山市北区下石井2-1-3 岡山第一生命ビルディング12F	TEL 086-212-1222　FAX 086-212-1223 http://www.okayama-sanpo.jp
広島産業保健総合支援センター	〒730-0011 広島県広島市中区基町11-13 広島第一生命ビル5F	TEL 082-224-1361　FAX 082-224-1371 http://sanpo-hiroshima.jp
山口産業保健総合支援センター	〒753-0051 山口県山口市旭通り2-9-19 山口建設ビル4F	TEL 083-933-0105　FAX 083-933-0106 http://www.yamaguchi-sanpo.jp
徳島産業保健総合支援センター	〒770-0861 徳島県徳島市住吉4-11-10 徳島県医師会館1F	TEL 088-656-0330　FAX 088-656-0550 http://www.tokushima-sanpo.jp
香川産業保健総合支援センター	〒760-0025 香川県高松市古新町2-3 三井住友海上高松ビル4F	TEL 087-826-3850　FAX 087-826-3830 http://kagawa-sanpo.jp
愛媛産業保健総合支援センター	〒790-0011 愛媛県松山市千舟町4-5-4 松山千舟454ビル2F	TEL 089-915-1911　FAX 089-915-1922 http://ehime-sanpo.jp
高知産業保健総合支援センター	〒780-0870 高知県高知市本町4-1-8 高知フコク生命ビル7F	TEL 088-826-6155　FAX 088-826-6151 http://www.kochisanpo.jp
福岡産業保健総合支援センター	〒812-0016 福岡県福岡市博多区博多駅南2-9-30 福岡県メディカルセンタービル1F	TEL 092-414-5264　FAX 092-414-5239 http://www.fukuokasanpo.jp
佐賀産業保健総合支援センター	〒840-0816 佐賀県佐賀市駅南本町6-4 佐賀中央第一生命ビル4F	TEL 0952-41-1888　FAX 0952-41-1887 http://sanpo41.jp
長崎産業保健総合支援センター	〒852-8117 長崎県長崎市平野町3-5 建友社ビル3F	TEL 095-865-7797　FAX 095-848-1177 http://www.nagasaki-sanpo.jp
熊本産業保健総合支援センター	〒860-0806 熊本県熊本市中央区花畑町9-24 住友生命熊本ビル3F	TEL 096-353-5480　FAX 096-359-6506 http://www.kumamoto-sanpo.jp
大分産業保健総合支援センター	〒870-0046 大分県大分市荷揚町3-1 いちご・みらい信金ビル6F	TEL 097-573-8070　FAX 097-573-8074 http://www.oita-sanpo.jp
宮崎産業保健総合支援センター	〒880-0806 宮崎県宮崎市広島1-18-7 大同生命宮崎ビル6F	TEL 0985-62-2511　FAX 0985-62-2522 http://www.sanpomiyazaki.jp
鹿児島産業保健総合支援センター	〒890-0052 鹿児島県鹿児島市上之園町25-1 中央ビル4F	TEL 099-252-8002　FAX 099-252-8003 http://sanpo-kagoshima.jp
沖縄産業保健総合支援センター	〒901-0152 沖縄県那覇市字小禄1831-1 沖縄産業支援センター2F	TEL 098-859-6175　FAX 098-859-6176 http://www.sanpo47.jp

著者プロフィール

中島明子（なかじま あきこ）

タワーズワトソン株式会社シニアコンサルタント、社会保険労務士。中央大学法学部卒。人事・財務およびリスクマネジメントの領域における世界有数のプロフェッショナルファーム、タワーズワトソン社において、ベネフィット部門のシニアコンサルタントとして、福利厚生全般のコンサルティングを行っている。M&Aにおける人事デューデリジェンス、ポストM&Aの人事・福利厚生制度および就業規則・人事諸規程の統合に関する豊富なプロジェクト経験を有する。また、多様なワークショップにおけるファシリテーション経験も豊富である。

長谷川崇（はせがわ たかし）

日比谷産業医事務所所長、医学博士、精神科産業医。弘前大学医学部卒。国立精神・神経医療研究センター病院にて精神科研修医。東京都健康長寿医療センター、成増厚生病院を経て、杏林大学医学部精神神経科学教室に勤務。診療業務と並行して多くの企業で産業医を務める。2014年より日比谷産業医事務所を開設。http://www.hibiya-dr.com/ 労働衛生コンサルタント（保健衛生）、日本医師会認定産業医、日本精神神経学会精神科専門医・指導医、精神保健指定医、日本内科学会認定内科医、臨床心理士。

職場のストレスチェック実践ハンドブック

2016年1月20日　第1版第1刷発行

著　者	中島明子・長谷川崇	
発行者	矢部敬一	
発行所	株式会社　創元社	
	本　社	〒541-0047大阪市中央区淡路町4-3-6
		TEL.06-6231-9010（代）
		FAX.06-6233-3111
	東京支店	〒162-0825東京都新宿区神楽坂4-3
		煉瓦塔ビル
		TEL.03-3269-1051
		http://www.sogensha.co.jp/
印　刷	株式会社　太洋社	

ⓒ2016 Printed in Japan　ISBN978-4-422-31027-5 C2034
〈検印廃止〉
落丁・乱丁のときはお取り替えいたします。定価はカバーに表示してあります。

JCOPY　〈(社)出版者著作権管理機構　委託出版物〉
本書の無断複写は著作権法上での例外を除き禁じられています。複写される場合は、そのつど事前に、(社)出版者著作権管理機構（電話03-3513-6969、FAX03-3513-6979、e-mail:info@jcopy.or.jp）の許諾を得てください。